Département de la Seine.

Comptes et Budgets

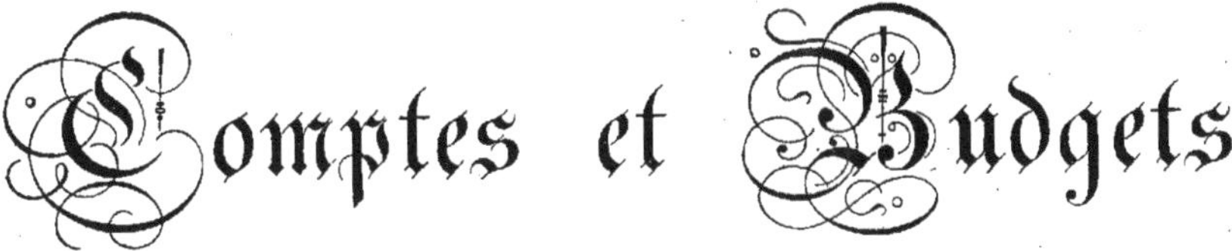

PUBLIÉS EN 1829,

En exécution de l'art. 6 de la loi du 17 août 1828.

PARIS,

Vᵉ Vballard, Imprimeur du Roi et de la Préfecture du Département de la Seine,
Rue J.-J. Rousseau, Nᵒ. 8.

AVRIL 1829.

COMPTE,

AU 1er. DÉCEMBRE 1828,

des

Dépenses Départementales Fixes,

ou communes à plusieurs Départemens,

QUI ONT ÉTÉ EFFECTUÉES

Pendant l'Année 1827,

ainsi que des sommes qui ont été allouées, ordonnancées et employées

au paiement de ces Dépenses.

CRÉDIT *de l'Exercice* 1827.

Il a été alloué par le Budget primitif, sur les centimes centralisés affectés au paiement des Dépenses départementales fixes et de celles qui sont communes à plusieurs départemens, une somme totale de.. | 438,632 00

Il a été alloué par une décision ministérielle du mois d'avril 1828, une autre somme de... | 17,492 64

TOTAL DES CRÉDITS.................... | 456,124 64

RECETTES ou *Ordonnances de délégation de S. Exc. le Ministre de l'Intérieur sur les centimes centralisés au Trésor Royal ;*

SAVOIR :

1°. — AU NOM DU PRÉFET DU DÉPARTEMENT :

Le 22 décembre 1826, Ordonnance n°. 2 de............	29,000	00
Le 29 janvier 1827, Ordonnance n°. 28 de............	35,500	00
Le 22 février Ordonnance n°. 205 de............	29,458	76
Le 17 mars Ordonnance n°. 333 de............	30,616	66
Le 19 avril Ordonnance n°. 563 de............	30,319	58
Le 15 mai Ordonnance n°. 764 de............	30,283	33
Le 13 juin Ordonnance n°. 966 de............	29,128	34
Le 20 juillet Ordonnance n°. 1306 de............	30,139	72
Le 17 août Ordonnance n°. 1532 de............	31,526	83
Le 20 septembre Ordonnance n°. 1850 de............	31,833	34
Le 18 octobre Ordonnance n°. 2030 de............	28,037	33
Le 16 novembre Ordonnance n°. 2250 de............	22,788	11

TOTAL des Ordonnances délivrées au nom du Préfet du département... | 358,632 00

Report.....	....	358,632 00

2°. — AU NOM DU PRÉFET DE POLICE.

Le 22 décembre 1826,	Ordonnance n°.	2 de...........	8,000 00	
Le 29 janvier 1827,	Ordonnance n°.	28 de...........	10,000 00	
Le 22 février	Ordonnance n°.	205 de...........	9,000 00	
Le 17 mars	Ordonnance n°.	333 de...........	9,000 00	
Le 19 avril	Ordonnance n°.	563 de...........	10,000 00	
Le 15 mai	Ordonnance n°.	764 de...........	6,000 00	
Le 13 juin	Ordonnance n°.	966 de...........	6,000 00	97,492 64
Le 20 juillet	Ordonnance n°.	1306 de...........	6,000 00	
Le 17 août	Ordonnance n°.	1532 de...........	4,000 00	
Le 20 septembre	Ordonnance n°.	1850 de...........	4,000 00	
Le 18 octobre	Ordonnance n°.	2030 de...........	5,000 00	
Le 16 novembre	Ordonnance n°.	2250 de...........	3,000 00	
Le 6 août 1828,	Ordonnance n°.	3007 de...........	17,492 64	

TOTAL des Ordonnances délivrées au nom du Préfet
de Police.................................. 97,492 64

TOTAL GÉNÉRAL......................... 456,124 64

A déduire pour reprise exercée par le Trésor Royal............. *Néant.*

PARTANT, les Ordonnances de délégation, tenues à la disposition
du département de la Seine, jusqu'au 1er. octobre 1828,
sont de.. 456,124 64

DÉPENSES.

CHAPITRE PREMIER.

TRAITEMENS ADMINISTRATIFS.

ARTICLES DU BUDGET.	NATURE DES DÉPENSES.	MONTANT des DÉPENSES effectuées.	MANDATS de paiement délivrés et acquittés.	RESTE A PAYER SUR LES DÉPENSES — mandats non acquittés.	RESTE A PAYER — non mandatées.	TOTAL ÉGAL au montant des DÉPENSES.	SOMMES allouées pour ces dépenses AUX BUDGETS.	EXCÉDANS DES — DÉPENSES faites sur LES CRÉDITS.	EXCÉDANS DES — CRÉDITS alloués sur les DÉPENSES.
1	Traitement du Préfet..............	80,000 00	80,000 00	» »	» »	80,000 00	80,000 00	» »	» »
2	Traitement du secrétaire général de la Préfecture.	6,000 00	6,000 00	» »	» »	6,000 00	6,000 00	» »	» »
3	Traitement du sous-préfet de l'arrondissement de Saint-Denis........	3,000 00	3,000 00	» »	» »	6,000 00	6,000 00	» »	» »
	Traitement du sous-préfet de l'arrondissement de Sceaux.............	3,000 00	3,000 00	» »	» »				
4	Traitement des cinq conseillers de Préfecture.	14,150 00	14,025 00	» »	125 00	14,150 00	15,000 00	» »	850 00
	Totaux du Chap. 1er......	106,150 00	106,025 00	» »	125 00	106,150 00	107,000 00	» »	850 00

CHAPITRE II.

FRAIS D'ADMINISTRATION PAR ABONNEMENT.

ARTICLES DU BUDGET.	NATURE DES DÉPENSES.	MONTANT des DÉPENSES effectuées.	MANDATS de paiement délivrés et acquittés.	RESTE A PAYER SUR LES DÉPENSES — mandats non acquittés.	RESTE A PAYER — non mandatées.	TOTAL ÉGAL au montant des DÉPENSES.	SOMMES allouées pour ces dépenses AUX BUDGETS.	EXCÉDANS DES — DÉPENSES faites sur LES CRÉDITS.	EXCÉDANS DES — CRÉDITS alloués sur les DÉPENSES.
1	Frais d'administration de la Préfecture.	215,000 00	215,000 00	» »	» »	215,000 00	215,000 00	» »	» »
2	Frais d'administration de la Sous-Préfecture de l'arrondissement de Saint-Denis.	13,600 00	13,600 00	» »	» »	27,200 00	27,200 00	» »	» »
	Frais d'administration de la Sous-Préfecture de l'arrond. de Sceaux...	13,600 00	13,600 00	» »	» »				
	Totaux du Chap. 2e......	242,200 00	242,200 00	» »	» »	242,200 00	242,200 00	» »	» »

CHAPITRE III.

MAISON CENTRALE DE DÉTENTION.

§ 1.

ARTICLES DU BUDGET.	NATURE DES DÉPENSES.	MONTANT des DÉPENSES effectuées.	MANDATS de paiement délivrés et acquittés.	RESTE A PAYER SUR LES DÉPENSES — mandats non acquittés.	RESTE A PAYER — non mandatées.	TOTAL ÉGAL au montant des DÉPENSES.	SOMMES allouées pour ces dépenses AUX BUDGETS.	EXCÉDANS DES — DÉPENSES faites sur LES CRÉDITS.	EXCÉDANS DES — CRÉDITS alloués sur les DÉPENSES.
	Dépenses ordinaires de la maison centrale de détention..............	Néant.	» »	» »	» »	» »	Néant.	» »	» »
	§ 2. Dépenses extraordinaires de la même maison.	Néant.	» »	» »	» »	» »	Néant.	» »	» »
	A reporter.....	Néant.	» »	» »	» »	» »	Néant.	» »	» »

ARTICLES DU BUDGET	NATURE DES DÉPENSES.	MONTANT des DÉPENSES effectuées.	MANDATS de paiement délivrés et acquittés	RESTE A PAYER SUR LES DÉPENSES — mandats non acquittés.	RESTE A PAYER — non mandatées.	TOTAL ÉGAL au montant des DÉPENSES.	SOMMES allouées pour ces dépenses AU BUDGET.	EXCÉDANT DES — DÉPENSES faites sur LES CRÉDITS.	EXCÉDANT DES — CRÉDITS alloués sur LES DÉPENSES.
	Report......	*Néant*.	» »	» »	» »	» »	*Néant*.	» »	»
	§ 3.								
	Indemnité au département à raison des condamnés à un an et plus d'emprisonnement, restés dans les prisons départementales faute de place à la maison de détention :								
	Le nombre de ces condamnés, en 1827, a été de 177, et celui des *journées* de 174,094 ; ce qui, à raison de 56 centimes chacune, prix alloué par le Budget, donne une dépense de....................	97,492 64	97,492 64	» »	» »	97,492 64	97,492 64	» »	»
	Totaux du Chap. 3e......	97,492 64	97,492 64	» »	» »	97,492 64	97,492 64	» »	»
	CHAPITRE IV.								
	CONSTRUCTIONS ET GROSSES RÉPARATIONS AUX BATIMENS DE LA COUR ROYALE.								
1	Travaux d'appropriations intérieures de la salle d'audience de la première chambre de la Cour Royale.......	-1,021 50	1,021 50	» »	» »	1,021 50	991 00	30 50	» »
2	Travaux dans la chambre du conseil de la même chambre............	1,500 00	1,500 00	» »	» »	1,500 00	1,791 00	» »	291 00
3	Établissement d'un nouveau cabinet pour M. le procureur général et pour le secrétaire du Parquet..........	13,177 14	4,400 77	» »	8,776 37	13,177 14	6,000 00	7,177 14 (a)	» »
4	Contingent des *centimes centralisés*, dans le relevé à neuf d'une partie des couvertures du Palais............	143 95	143 95	» »	» »	143 95	650 00	» »	506 05
5	Restauration du vestiaire de la troisième chambre de la Cour Royale.	3,340 78	3,340 78	» »	» »	3,340 78	» »	3,340 78 (b)	» »
	Total du Chap. 4e......	19,183 37	10,407 00	» »	8,776 37	19,183 37	9,432 00	10,548 42	797 05
	CHAPITRE V.					Excédant des Dépenses sur les Crédits......		9,751 37	
	ÉTABLISSEMENS THERMAUX.	*Néant*.	» »	» »	» »	» »	*Néant*.	» »	» »

(a) Le paiement de cet excédent de dépense a été autorisé sur les fonds de l'exercice 1829, par décision royale du 31 décembre 1828.
(b) Le paiement de cette dépense, spécialement autorisée, a dû s'effectuer sur l'ensemble des crédits alloués, suivant lettre du Ministre de l'intérieur du 25 mai 1827.

ARTICLES DU BUDGET.	NATURE DES DÉPENSES.	MONTANT des DÉPENSES effectuées.	MANDATS de paiement délivrés et acquittés.	RESTE A PAYER SUR LES DÉPENSES		TOTAL ÉGAL au montant des DÉPENSES.	SOMMES allouées pour ces dépenses AU BUDGET.	EXCÉDANT DES	
				mandats non acquittés.	non mandatées.			DÉPENSES faites sur LES CRÉDITS.	CRÉDITS alloués sur LES DÉPENSES.

RÉCAPITULATION.

Chap. 1.	Traitemens administratifs.	106,150 00	106,025 00	» »	125 00	106,150 00	107,000 00	» »	850 00
— 2.	Frais d'administration par abonnement..........	242,200 00	242,200 00	» »	» »	242,200 00	242,200 00	» »	» »
— 3.	Maison centrale de détention.................	97,492 64	97,492 64	» »	» »	97,492 64	97,492 64	» »	» »
— 4.	Constructions et grosses réparations aux bâtimens de la Cour Royale.........	19,183 37	10,407 00	» »	8,776 37	19,183 37	9,432 00	9,751 37	» »
— 5.	Établissemens thermaux...	Néant.	» »	» »	» »	Néant.	Néant.	» »	» »
	Totaux généraux......	465,026 01	456,124 64	» »	8,901 37	465,026 01	456,124 64	9,751 37	850 00

Excédant des Dépenses effectuées sur les Crédits...... 8,901 37

𝕭alance.

Les Recettes portées en tête du présent Compte et dont on doit justifier, sont de.... | .... | .... | 456,124 64

Le Total général des Dépenses comprises dans la Récapitulation à la colonne intitulée : *montant des Dépenses effectuées*, est de................................. | .... | 465,026 01

Sur lequel il reste à payer :

1°. Pour mandats expédiés et non acquittés par le Payeur au 30 novembre 1828.......... | » »

2°. Pour Dépenses liquidées et non mandatées avant le 1er. octobre 1828............... | 8,901 37 | 8,901 37

Reste pour Dépenses acquittées..... | 456,124 64 | 456,124 64

Partant, Balance entre les Recettes faites et les Dépenses payées..... | » »

Certifié véritable par le Conseiller d'État, Préfet de la Seine ,

A Paris, le 14 février 1829.

Signé CHABROL.

Le Payeur du département de la Seine certifie le présent Compte, en ce qui concerne les paiemens effectués, montant à quatre cent cinquante-six mille cent vingt-quatre francs soixante-quatre centimes.

A Paris , le 19 février 1829.

Signé Scitivaux.

Compte,

Au 1er. Décembre 1828,

des

Dépenses Départementales Variables

De l'Exercice 1827,

Et des sommes qui ont été allouées, ordonnancées et employées
au paiement de ces Dépenses.

Crédits

ACCORDÉS POUR LES DÉPENSES VARIABLES.

Exercice 1827.

Il a été alloué, à la Récapitulation du Budget, pour toutes les Dépenses qui y ont été votées et maintenues, une somme totale de 1,988,146 francs 40 centimes;

SAVOIR :

1°. — Sur les centimes départementaux de 1827 :

Produit de 7 1/2 cent. additionnels ordinaires..................	828,268 19	
Accordé au Département sur le fonds commun de 5 cent. centralisés...	822,000 00	1,653,869 82
Crédit supplémentaire suivant décision ministérielle du 29 août 1828...	3,601 63	

2°. — Sur les ressources extraordinaires :

Produit des secondes expéditions d'actes de la Préfecture........	700 00	
Revenus provenant des locations de diverses dépendances du Palais de Justice et du Tribunal de Commerce et de la portion des bâtimens de Bicêtre cédés aux Hospices................	31,300 00	154,222 00
Vente des matériaux provenant des bâtimens appartenant au Département	7,150 00	
Revenus divers des prisons départementales..................	115,072 00	

3°. — Sur les ressources du Budget de report :

Restant disponible sur le fonds commun de 5 cent. de 1825......	» »	180,054 58

4°. — Sur les ressources spéciales :

Revenus divers du dépôt de mendicité.......................	9,600 00	Mémoire. (*)
Indemnité demandée pour l'entretien des condamnés à un an et plus, renfermés dans les prisons départementales...........	97,000 00	

TOTAL des Crédits alloués au Budget............	1,988,146 40

(*) Cet article est porté pour mémoire parce que les dépenses à imputer sur les Ressources spéciales étaient comprises pour ordre seulement au Budget de 1827. (Voir les Dépenses du présent Compte, chap. 2 et 3.)

RECETTES

Ou Ordonnances de Délégation délivrées sur les allocations d'autre part.

ARTICLE PREMIER.

Ordonnancé par le Ministre de l'Intérieur sur les centimes additionnels ordinaires de 1825 et sur le fonds commun.

1°. — ORDONNANCÉ AU NOM DU PRÉFET DE LA SEINE.

Le 22 décembre 1826, Ordonnance n°. 3 de............	60,000 00	
Le 5 février 1827, Ordonnance n°. 125 de............	60,000 00	
Le 22 février Ordonnance n°. 206 de............	37,000 00	
Le 17 mars Ordonnance n°. 334 de............	50,000 00	
Le 19 avril Ordonnance n°. 562 de............	67,000 00	
Le 15 mai Ordonnnace n°. 765 de............	71,000 00	
Le 15 juin Ordonnance n°. 967 de............	51,000 00	
Le 20 juillet Ordonnance n°. 1307 de............	51,000 00	
Le 17 août Ordonnance n°. 1533 de............	43,000 00	
Le 20 septembre Ordonnance n°. 1851 de............	50,000 00	
Le 18 octobre Ordonnance n°. 2031 de............	50,954 18	
Le 16 novembre Ordonnance n°. 2251 de............	51,000 00	
Le 18 décembre Ordonnance n°. 2461 de............	55,000 00	
Le 15 janvier 1828, Ordonnance n°. 2716 de............	43,000 00	
Le 19 février Ordonnance n°. 2873 de............	36,000 00	
Le 6 août Ordonnance n°. 3546 de............	11,508 16	
TOTAL..........	787,462 34	787,462 34

		Report.........	....	787,462 34

2°. — ORDONNANCÉ AU NOM DU PRÉFET DE POLICE.

Le 22 décembre 1826,	Ordonnance n°. 3 de............	50,000 00	
Le 5 février 1827,	Ordonnance n°. 125 de............	50,000 00	
Le 22 février	Ordonnance n°. 206 de............	73,000 00	
Le 17 mars	Ordonnance n°. 334 de............	56,000 00	
Le 19 avril	Ordonnance n°. 562 de............	74,000 00	
Le 15 mai	Ordonnance n°. 765 de............	78,000 00	
Le 13 juin	Ordonnance n°. 967 de............	56,000 00	
Le 20 juillet	Ordonnance n°. 1307 de............	58,000 00	866,407 48
Le 17 août	Ordonnance n°. 1533 de............	46,000 00	
Le 20 septembre	Ordonnance n°. 1851 de............	55,000 00	
Le 18 octobre	Ordonnance n°. 2031 de............	55,000 00	
Le 16 novembre	Ordonnance n°. 2251 de............	55,000 00	
Le 18 décembre	Ordonnance n°. 2461 de............	60,000 00	
Le 15 janvier 1828,	Ordonnance n°. 2716 de............	50,000 00	
Le 19 février	Ordonnance n°. 2873 de............	42,000 00	
Le 6 août	Ordonnance n°. 3146 de............	8,407 48	
	TOTAL............	866,407 48	

ARTICLE II.

Ordonnancé sur les ressources extraordinaires de 1827.

AU NOM DU PRÉFET DE LA SEINE.

Le 5 septembre 1827,	Ordonnance n°. 1703 de............	9,500 73	
Le 21 novembre	Ordonnance n°. 2295 de............	5,414 03	
Le 12 février 1828,	Ordonnance n°. 2840 de............	2,237 34	
Le 9 mai	Ordonnance n°. 3017 de............	27,907 98	101,929 45
Le 25 juillet	Ordonnance n°. 3128 de............	15,331 21	
Le 18 août	Ordonnance n°. 3187 de............	24,871 50	
Le 25 août	Ordonnance n°. 3194 de............	16,666 66	
	TOTAL............	101,929 45	1,755,799 27

| | | | Report....... | .... | 1,755,799 27 |

ARTICLE III.

Ordonnancé sur le restant des centimes de 1825.

1°. — AU NOM DU PRÉFET DE LA SEINE.

Le 11 juillet 1827,	Ordonnance n°. 1202 de...........	58,204 38	
Le 25 juillet	Ordonnance n°. 1373 de............	59,828 88	
Le 24 août	Ordonnance n°. 1617 de...........	51,021 32	
	TOTAL.........	169,054 58	169,054 58

2°. — AU NOM DU PRÉFET DE POLICE.

Le 11 juillet 1827,	Ordonnance n°. 1202 de.... 4,000 00		
Le 25 juillet	Ordonnance n°. 1373 de.... 4,000 00	11,000 00	11,000 00
Le 24 août	Ordonnance n°. 1617 de.... 3,000 00		

TOTAL des Recettes faites sur centimes départementaux et ressources extraordinaires........ .... 1,935,853 85

ARTICLE IV.

Recettes faites sur ressources spéciales.

Indemnité accordée au Département pour les condamnés à un an et plus d'emprisonnement.................	97,492 64	
Revenus divers du Dépôt de Mendicité du département de la Seine.................................	14,967 83	
Recettes appliquées au service particulier des prisons et du Dépôt.................................	112,460 47	*Mémoire.* [*]

(*) Voir la note placée page 11.

TOTAL Général des sommes ordonnancées et montant des Recettes dont on doit justifier........................... 1,935,853 85 [**]

(**) Les crédits sont alloués pour........................ 1,988,146 40
Les recettes ci-contre ne sont que de.................... 1,935,853 85

Diminution dans les recettes..... 52,292 55

Cette diminution est due : 1°. à ce que la part attribuée à l'administration dans le produit des travaux des prisonniers, a éprouvé une réduction sensible, à l'époque où le bail a été renouvelé ; 2°. à une réduction dans le prix des loyers de bâtimens dépendans des prisons, du Palais de Justice et de l'ancien Tribunal de Commerce.

ARTICLES DU BUDGET.	NATURE DES DÉPENSES.	MONTANT des DÉPENSES effectuées.	MANDATS de paiement délivrés.	RESTE A PAYER SUR LES DÉPENSES mandats non acquittés	non encore mandatées.	TOTAL ÉGAL au montant des DÉPENSES effectuées.	CRÉDITS alloués par LE BUDGET.	EXCÉDANT DES DÉPENSES sur LES CRÉDITS.	CRÉDITS sur LES DÉPENSES.
	DÉPENSES.								
	CHAPITRE PREMIER								
	PRÉFECTURE.								
1	Loyer de l'hôtel de la Préfecture....	12,000 00	12,000 00	» »	» »	12,000 00	12,000 00	» »	» »
4	Frais de chauffage et d'éclairage du corps-de-garde de la Préfecture....	1,494 33	1,494 33	» »	» »	1,494 33	1,600 00	» »	105 67
	TOTAL du Chap. Ier.....	13,494 33	13,494 33	» »	» »	13,494 33	13,600 00	» »	105 67
	CHAPITRE II.								
	PRISONS DÉPARTEMENTALES.								
	Dépenses annuelles pour une population de 2910 individus.								
1 1°	Traitemens sujets à la retenue pour les pensions :								
	Service général d'administration.....	39,199 32	39,199 32	» »	» »				
	Bicêtre........................	23,499 72	23,499 72	» »	» »				
	Saint-Lazare.....................	42,998 52	42,998 52	» »	» »				
	Maison de Justice................	15,016 14	15,016 14	» »	» »				
	Grande-Force....................	23,974 40	23,974 40	» »	» »				
	Petite-Force....................	14,199 60	14,199 60	» »	» »				
	Madelonnettes...................	19,931 98	19,931 98	» »	» »	243,467 28	244,650 00	» »	1,182 72
	Sainte-Pélagie	29,598 72	29,598 72	» »	» »				
	Bazancourt......................	2,899 92	2,899 92	» »	» »				
	Dépôt de Police.................	10,199 52	10,199 52	» »	» »				
	Maison de répression de Saint-Denis..	19,949 52	19,949 52	» »	» »				
	Maison d'arrêt de Saint-Denis.......	999 96	999 96	» »	» »				
	Maison d'arrêt de Saint-Cloud......	999 96	999 96	» »	» »				
	A reporter.....	243,467 28	243,467 28	» »	» »	243,467 28	244,650 00	» »	1,182 72

ARTICLES DU BUDGET.	NATURE DES DÉPENSES.	MONTANT des DÉPENSES effectuées.	MANDATS de paiement délivrés.	RESTE A PAYER SUR LES DÉPENSES — mandats non acquittés	RESTE A PAYER — non encore mandatées.	TOTAL ÉGAL au montant des DÉPENSES effectuées.	CRÉDITS alloués par LE BUDGET.	EXCÉDANT DES DÉPENSES sur LES CRÉDITS.	EXCÉDANT DES CRÉDITS sur LES DÉPE...
»	Report.....	243,467 28	243,467 28	» »	» »	243,467 28	244,650 00	» »	1,18
1 2°	Traitemens non sujets à la retenue pour pensions :								
	Service général d'administration. ...	4,469 88	4,499 88	» »	» »				
	Bicêtre..................	4,955 52	4,955 52	» »	» »				
	Saint-Lazare...............	3,523 92	3,523 92	» »	» »				
	Maison de Justice..............	1,449 20	1,449 20	» »	» »				
	Grande-Force..............	3,114 00	3,114 00	» »	» »				
	Petite-Force...............	3,133 60	3,133 60	» »	» »	31,678 92	32,583 00	» »	904
	Madelonnettes.............	2,826 00	2,826 00	» »	» »				
	Sainte-Pélagie.............	3,301 92	3,301 92	» »	» »				
	Bazancourt................	999 96	999 96	» »	» »				
	Dépôt de police	» »	» »	» »	» »				
	Maison de répression de Saint-Denis..	3,874 92	3,874 92	» »	» »				
	Maison d'arrêt de Saint-Denis.......	»	» »	» »	» »				
	Maison d'arrêt de Saint-Cloud.......	» »	» »	» »	» »				
2 1°	Nourriture et entretien des détenus :								
	Bicêtre................. 50,461 98								
	Saint-Lazare 33,969 52								
	Maison de justice. 10,461 63								
	Grande-Force 55,138 94								
	Petite-Force............ 48,985 04								
	Madelonnettes........... 48,246 57								
	Sainte-Pélagie........... 16,000 14								
	Bazancourt. 2,584 64								
	Dépôt de police 18,092 46								
	Maison de répression de Saint-Denis......... 72,493 28								
	Maison d'arrêt de Saint-Denis............... 140 30								
	Maison d'arrêt de Saint-Cloud............... 36 03								
	Maison de refuge des jeunes garçons.. .... 4,963 20								
	Maison de refuge des jeunes filles............... 4,000 00								
	365,573 73								
	A déduire la somme de 97,492 fr. 64 c., montant de l'indemnité accordée au Département sur les centimes centralisés pour frais d'entretien, dans les prisons de la Seine, de condamnés à un an et plus d'emprisonnement..................(*) 97,492 64								
	Reste à porter au présent compte..... .... 268,081 09	268,081 09	268,081 09	» »	» »	268,081 09	273,945 55	» »	5,864
	A reporter.....	543,227 29	543,227 29	» »	» »	543,227 29	551,178 55	» »	7,951

(*) Cette somme doit être déduite du présent compte parce qu'elle représente des dépenses mises par la loi à la charge des centimes centralisés affectés au paiement des dépenses départementales communes à plusieurs départemens; aussi ces 97,492 fr. 64 cent. figurent au compte de ce dernières dépenses placé en tête du présent cahier. (Voir ce compte, chap. 3, maisons de détention; voir également la note placée page 11.)

ARTICLES DU BUDGET	NATURE DES DÉPENSES.	MONTANT des DÉPENSES effectuées.	MANDATS de paiement délivrés.	RESTE A PAYER SUR LES DÉPENSES mandats non acquittés.	non encore mandatées.	TOTAL ÉGAL au montant des DÉPENSES effectuées	CRÉDITS alloués par LE BUDGET.	EXCÉDANT DES DÉPENSES sur LES CRÉDITS.	EXCÉDANT DES CRÉDITS sur LES DÉPENSES.
	Report.....	543,227 29	543,227 29	» »	» »	543,227 29	551,178 55	» »	7,951 26
2 5°	Chauffage, éclairage, entretien et renouvellement du mobilier et objets de service :								
	Bicêtre..................	16,040 84	16,040 84	» »	» »				
	Saint-Lazare..............	10,798 22	10,798 22	» »	» »				
	Maison de Justice..............	3,325 54	3,325 54	» »	» »				
	Grande-Force..............	17,527 55	17,527 55	» »	» »				
	Petite-Force..............	15,571 35	15,571 35	» »	» »				
	Madelonnettes..............	15,336 60	15,336 60	» »	» »				
	Sainte-Pélagie..............	5,086 12	5,086 12	» »	» »	114,720 66	134,594 73	» »	19,874 07
	Bazancourt..............	821 60	821 60	» »	» »				
	Dépôt de Police..............	5,751 22	5,751 22	» »	» »				
	Maison de répression de Saint-Denis..	23,046 92	23,046 92	» »	» »				
	Maison d'arrêt de Saint-Denis........	357 50	357 50	» »	» »				
	Maison d'arrêt de Saint-Cloud......	» »	» »	» »	» »				
	Maison de refuge des jeunes garçons..	1,057 20	1,057 20	» »	» »				
	Maison de refuge des jeunes filles....	» »	» »	» »	» »				
3	Loyers et simples réparations locatives des bâtimens :								
	Bicêtre {Loyers 65 00 / Réparations 910 93}	975 93	975 93	» »	» »				
	St.-Lazare {Loyers 400 00 / Réparations 862 16}	1,262 16	1,262 16	» »	» »				
	Maison de Justice {Loyers » » / Réparations 102 25}	102 25	102 25	» »	» »				
	Grande-Force {Loyers 300 00 / Réparations 3,587 16}	3,887 16	3,887 16	» »	» »				
	Petite-Force {Loyers 300 00 / Réparations 2,895 56}	3,195 56	3,195 56	» »	» »				
	Madelonnettes {Loyers 300 00 / Réparations 1,414 33}	1,714 33	1,714 33	» »	» »	20,158 27	19,415 00	743 27	» »
	Sainte-Pélagie {Loyers 800 00 / Réparations 4,283 00}	5,083 15	5,083 15	» »	» »				
	Bazancourt {Loyers » » / Réparations 213 68}	213 68	213 68	» »	» »				
	Dépôt de Police {Loyers » » / Réparations 2,243 50}	2,243 50	2,243 50	» »	» »				
	Maison de répression de St.-Denis {Loyers » » / Réparations 280 55}	280 55	280 55	» »	» »				
	Honoraires de l'architecte pour vérification et reglement de mémoires en 1827................	1,200 00	1,200 00	» »	» »				
	A reporter.....	678,106 22	678,106 22	» »	» »	678,106 22	705,188 28	743 27	27,825 33

ARTICLES DU BUDGET.	NATURE DES DÉPENSES.	MONTANT des DÉPENSES effectuées.	MANDATS de paiement délivrés.	RESTE A PAYER SUR LES DÉPENSES mandats non acquittés.	non encore mandatées.	TOTAL ÉGAL au montant des DÉPENSES effectuées.	CRÉDITS alloués par LE BUDGET.	EXCÉDANT DES DÉPENSES sur LES CRÉDITS.	CRÉDITS sur LES DÉPENSES.
	Report.....	678,106 22	678,106 22	» »	» »	678,106 22	705,188 28	743 27	27,825 33
4	Dépenses diverses :								
	1°. Frais de translation des prisonniers............. 9,000 00								
	2°. Fers pour les condamnés. *Néant.*								
	3°. Frais d'inhumation des détenus :								
	Bicêtre................... 8 50								
	Saint-Lazare.............. 104 00								
	Maison de Justice........ 32 00								
	Grande-Force............. 134 00								
	Petite-Force............. 117 00								
	Madelonnettes............ 153 00								
	Sainte-Pélagie............ 48 00								
	Dépôt de Police........... 17 50								
	Maison de répression de St.-Denis.................. 300 00								
	Achat de toile serpillière pour linceuls............... 441 00								
	TOTAL..... 1,355 00 1,355 00	16,989 30	16,989 30	» »	» »	16,989 30	16,750 00	239 30	» »
	4°. Frais de chauffage et éclairage des corps de garde :								
	Bicêtre................... 441 40								
	Saint-Lazare.............. 881 93								
	Grande - Force et Petite-Force.................. 1,371 21								
	Madelonnettes............ 773 06								
	Sainte-Pélagie............. 2,168 86								
	Maison de répression de St.-Denis................... 997 84								
	TOTAL..... 6,634 30 6,634 30								
	TOTAL du Chap 2.....	695,095 52	695,095 52	» »	» »	695,095 52	721,938 28	982 57	27,825 33

Excédant des Crédits sur les Dépenses effectuées.....   26,842 76

CHAPITRE III.

DÉPOT, SECOURS ET ATELIERS POUR REMÉDIER A LA MENDICITÉ.

§ Ier. *Dépôt de Mendicité à Villers-Cotteréts.*

ARTICLES DU BUDGET.	NATURE DES DÉPENSES.	MONTANT des DÉPENSES effectuées.	MANDATS de paiement délivrés.	RESTE A PAYER mandats non acquittés.	non encore mandatées.	TOTAL ÉGAL au montant des DÉPENSES effectuées.	CRÉDITS alloués par LE BUDGET.	EXCÉDANT DES DÉPENSES sur LES CRÉDITS.	CRÉDITS sur LES DÉPENSES.
	Dépenses ordinaires pour une population effective de 650 mendians.								
1	Traitemens, gages et salaires, etc. :								
	Traitemens et salaires des employés de tous grades................... 17,248 52								
	Loyer du château de Villers-Cotteréts. 5,000 00								
	Frais de transport de reclus......... 720 00	23,047 62	23,047 62	» »	» »	23,047 62	26,924 00	» »	3,876 38
	Frais d'inhumation de mendians décédés.................... 79 10								
	A reporter.....	23,047 62	23,047 62	» »	» »	23,047 62	26,924 00	» »	3,876 38

ARTICLES DU BUDGET.	NATURE DES DÉPENSES.	MONTANT des DÉPENSES effectuées.	MANDATS de paiement délivrés.	RESTE A PAYER SUR LES DÉPENSES		TOTAL ÉGAL au montant des DÉPENSES effectuées.	CRÉDITS alloués par LE BUDGET.	EXCÉDANT DES	
				mandats non acquittés.	non encore mandatées.			DÉPENSES sur LES CRÉDITS.	CRÉDITS sur LES DÉPENSES.
	Report.....	23,047 62	23,047 62	» »	» »	23,047 62	26,924 00	» »	3,876 38
2	Nourriture, entretien du linge, du mobilier, chauffage :								
	Dépenses pour la nourriture des employés et de 650 mendians........	71,071 28							
	Frais de chauffage, éclairage, entretien du linge, des vêtemens, etc........	28,966 44	101,669 97	» »	» »	101,669 97	113,999 90	» »	12,329 93
	Frais du culte et frais de bureau......	1,632 25							
	Simples réparations locatives des bâtimens du Dépôt :								
	Contributions foncières.............	232 02	2,788 74	» »	» »	2,788 74	6,250 00	» »	3,461 26
	Menus travaux divers..............	2,556 72							
	Total des Dépenses.....	127,506 33	127,506 33	» »	» »	127,506 33	147,173 90	» »	19,667 57
	A déduire les dépenses payées sur : 1º. Le prix du fermage des travaux des reclus.......................... 6,000 00 2º. Les produits des ventes d'objets hors de service.................... 192 75 3º. Le reliquat de caisse du receveur du Dépôt, au 31 décembre 1825........ 8,428 08 4º. Les recettes diverses.............. 347 00	(*) 14,967 83	14,967 83	» »	» »	14,967 83	9,600 00	» »	5,367 83
	Reste pour Dépenses du § 1er., imputées sur fonds départementaux....	112,538 50	112,538 50	» »	» »	112,538 50	137,573 90	» »	25,035 40
	§ II. *Secours effectifs en alimens, dans le cas d'extrême misère ou disette.*..........	Néant.	Néant.	» »	» »	Néant.	Néant.	» »	» »
	§ III. *Ateliers de charité, afin d'occuper la classe indigente.*	Néant.	Néant.	» »	» »	Néant.	Néant.	» »	» »
	Total du Chap. 3.....	112,538 50	112,538 50	» »	» »	112,538 50	137,573 90	» »	25,035 40

CHAPITRE IV.

CASERNEMENT DE LA GENDARMERIE DÉPARTEMENTALE.

ARTICLES DU BUDGET.	NATURE DES DÉPENSES.	MONTANT des DÉPENSES effectuées.	MANDATS de paiement délivrés.	RESTE A PAYER — mandats non acquittés.	RESTE A PAYER — non encore mandatées.	TOTAL ÉGAL des DÉPENSES effectuées.	CRÉDITS alloués par LE BUDGET.	EXCÉDANT DES DÉPENSES sur LES CRÉDITS.	EXCÉDANT DES CRÉDITS sur LES DÉPENSES.
1	Loyers et contributions des casernes qui n'appartiennent pas au Département.................	24,623 86	24,623 86	» »	» »	24,623 86	24,000 00	623 86	» »
2	Loyers, entretien et renouvellement des lits ou autres objets du service intérieur.................	1,029 80	1,029 80	» »	» »	1,029 80	1,200 00	» »	170 20
	A reporter.....	25,653 66	25,653 66	» »	» »	25,653 66	25,200 00	623 86	170 20

(*) Les dépenses à payer sur *Ressources spéciales* n'étant portées au Budget de 1827 que pour ordre, on a dû opérer la déduction des 14,967 fr. 83 c. imputés sur cette nature de recettes. (Voir la note placée à la suite des Crédits alloués en Recette pour le paiement des Dépenses Variables.)

ARTICLES DU BUDGET	NATURE DES DÉPENSES.	MONTANT des DÉPENSES effectuées.	MANDATS de paiement délivrés.	RESTE A PAYER SUR LES DÉPENSES		TOTAL ÉGAL au montant des DÉPENSES effectuées.	CRÉDITS alloués par LE BUDGET.	EXCÉDANT DES DÉPENSES sur LES CRÉDITS.	EXCÉDANT DES CRÉDITS sur LES DÉPENSES.
				mandatés non acquittés.	non encore mandatées.				
	Report.....	25,653 66	25,653 66	» »	» »	25,653 66	25,200 00	623 86	170 ?
3	Portion de traitement annuel d'un officier de santé attaché aux brigades de gendarmerie..................	1,200 00	1,200 00	» »	» »	1,200 00	1,200 00	» »	»
4	Réparations locatives des bâtimens servant de casernes.................	15,646 54	9,779 62	241 00	5,625 92	15,646 54	10,000 00	5,646 54	»
	Total du Chap. 4.....	42,500 20	36,633 28	241 00	5,625 92	42,500 20	36,400 00	6,270 40	170 ?

Excédant des Dépenses sur les Crédits..... 6,100 20

CHAPITRE V.

DÉPENSES VARIABLES
DES COURS ET TRIBUNAUX.

ARTICLES DU BUDGET	NATURE DES DÉPENSES.	MONTANT des DÉPENSES effectuées.	MANDATS de paiement délivrés.	RESTE A PAYER — mandatés non acquittés.	RESTE A PAYER — non encore mandatées.	TOTAL ÉGAL au montant des DÉPENSES effectuées.	CRÉDITS alloués par LE BUDGET.	EXCÉDANT DES DÉPENSES sur LES CRÉDITS.	EXCÉDANT DES CRÉDITS sur LES DÉPENSES.
1	Loyers et contributions des bâtimens qui n'appartiennent pas au Département..................	426 70	426 70	» »	» »	426 70	566 00	» »	139 ?
2	Réparations locatives des bâtimens...	28,807 11	27,871 11	936 00	» »	28,807 11	30,000 00	» »	1,192 ?
3	Frais d'entretien ordinaire du mobilier des Cours et Tribunaux.......	6,348 00	6,348 00	» »	» »	6,348 00	6,000 00	348 00	»
4	Amélioration ou complément dudit mobilier	» »	» »	» »	» »	» »	» »	» »	»
5	Menues dépenses et frais de parquet des Cours et Tribunaux..........	61,900 00	61,900 00	» »	» »	61,900 00	61,900 00	» »	»
6	Frais de garde, de propreté et d'éclairage du Palais de Justice et du Tribunal de Commerce.............	14,281 29	14,281 29	» »	» »	14,281 29	15,200 00	» »	918 ?
	Total du Chap. 5.....	111,763 10	110,827 10	936 00	» »	111,763 10	113,666 00	348 00	2,250 ?

Excédant des Crédits sur les Dépenses..... 1,902 90

CHAPITRE VI.

TRAVAUX DES BATIMENS CIVILS.

ARTICLES DU BUDGET	NATURE DES DÉPENSES.	MONTANT des DÉPENSES effectuées.	MANDATS de paiement délivrés.	RESTE A PAYER — mandatés non acquittés.	RESTE A PAYER — non encore mandatées.	TOTAL ÉGAL au montant des DÉPENSES effectuées.	CRÉDITS alloués par LE BUDGET.	EXCÉDANT DES DÉPENSES sur LES CRÉDITS.	EXCÉDANT DES CRÉDITS sur LES DÉPENSES.
1	Entretien et réparations annuelles des maisons servant d'hôtels aux Sous-Préfectures des arrondissemens de Saint-Denis..................	521 73	521 73	» »	» »	1,009 18	1,000 00	9 18	»
	Sceaux..................	487 45	487 45	» »	» »				
	A reporter.....	1,009 18	1,009 18	» »	» »	1,009 18	1,000 00	9 18	»

ARTICLES DU BUDGET.	NATURE DES DÉPENSES.	MONTANT des DÉPENSES effectuées.	MANDATS de paiement délivrés.	RESTE A PAYER SUR LES DÉPENSES		TOTAL ÉGAL au montant des DÉPENSES effectuées.	CRÉDITS alloués par LE BUDGET.	EXCÉDANT DES	
				mandats non acquittés.	non encore mandatées.			DÉPENSES sur LES CRÉDITS.	CRÉDITS sur LES DÉPENSES
	Report.....	1,009 18	1,009 18	» »	» »	1,009 18	1,000 00	9 18	» »
2	Entretien et réparations foncières des bâtimens du Dépôt de Mendicité établi à Villers-Cotterêts, et traitement de l'architecte du Dépôt.....	5,055 84	4,949 53	106 31	» »	5,055 84	7,000 00	» »	1,944 16
3	*Travaux d'entretien et réparations foncières des prisons départementales.*								
	Bicêtre.....................	8,590 00	8,590 00	» »	» »				
	Saint-Lazare...............	6,248 00	6,248 00	» »	» »				
	Maison de Justice............	1,543 00	1,357 00	186 00	» »				
	Grande-Force...............								
	Petite-Force................	7,230 50	7,056 50	174 00	» »				
	Madelonnettes..............	4,959 00	4,959 00	» »	» »				
	Sainte-Pélagie.............	7,170 00	7,170 00	» »	» »				
	Bazancourt.................	1,729 00	1,729 00	» »	» »	53,209 83	55,000 00	» »	1,790 17
	Dépôt de la Préfecture de Police.....	51 08	51 08	» »	» »				
	Maison de répression de Saint-Denis..	5,889 25	5,889 25	» »	» »				
	Maisons d'arrêt de Saint-Denis et de Saint-Cloud..................	» »	» »	» »	» »				
	Traitement des architectes et inspecteurs chargés de la surveillance des bâtimens..................	9,800 00	9,800 00	» »	» »				
4	1°. Loyers de la maison des filles détenues par forme de correction paternelle..................	3,000 00	3,000 00	» »	» »	3,000 00	3,000 00	» »	» »
	2°. Loyers de la maison d'arrêt de Saint-Cloud..................	650 00	650 00	» »	» »	650 00	700 00	» »	50 00
5	Acquisitions de boutiques dépendantes du Palais de Justice et situées sous le grand mur de face du Palais sur le marché aux Fleurs.............	20,550 67	20,550 67	» »	» »	20,550 67	40,000 00	» »	(*) 19,449 33
6	Restauration de ladite façade sur le marché aux Fleurs..............	62,833 51	54,975 74	» 80	7,856 97	62,833 51	62,546 00	287 51	» »
7	Frais de direction des travaux d'architecture dans le Département......	15,700 00	15,700 00	» »	» »				
	Traitement de deux Architectes chargés de la surveillance des travaux exécutés dans les communes rurales des arrondissemens de Saint-Denis et de Sceaux..................	6,000 00	6,000 00	» »	» »	21,700 00	22,300 00	» »	600 00
	A reporter.....	168,009 03	159,684 95	467 11	7,856 97	168,009 03	191,546 00	296 69	23,233 66

(*) Cette somme est conservée pour payer une partie du prix d'acquisition des boutiques situées vis-à-vis le quai aux Fleurs.

ARTICLES DU BUDGET.	NATURE DES DÉPENSES.	MONTANT des DÉPENSES effectuées.	MANDATS de paiement délivrés.	RESTE A PAYER SUR LES DÉPENSES mandats non acquittés.	non encore mandatées.	TOTAL ÉGAL au montant des DÉPENSES effectuées.	CRÉDITS alloués par LE BUDGET.	EXCÉDANT DES DÉPENSES sur LES CRÉDITS.	CRÉDITS sur LES DÉPENSES.
	Report.....	168,009 03	159,684 95	467,11	7,856 97	168,009 03	191,546 00	296 69	23,833 6
8	*Restauration générale des prisons.*								
	1°. Dotation de l'établissement des Dames de Saint-Michel, pour l'entretien des filles détenues par forme de correction paternelle...........	10,000 00	10,000 00	» »	» »	10,000 00	10,000 00	» »	»
	2°. A valoir sur les grands travaux de construction de la nouvelle Prison de la Dette	» »	» »	» »	» »	» »	45,362 96	» »	45,362 (*) 9
	3° *Idem* de la nouvelle Maison de correction des femmes.............	21,000 00	9,625 00	» »	11,375 00	21,000 00	21,000 00	» »	»
	4°. *Idem* du nouveau Dépôt de Police..	45,362 96	45,362 96	» »	» »	45,362 96	» »	45,362 (*) 96	»
	Total du Chap. 6.....	244,371 99	224,672 91	467 11	19,231 97	244,371 99	267,908 96	45,659 65	69,196 6

Excédant des Crédits sur les Dépenses..... 23,536 97

CHAPITRE VIII.

TRAVAUX DES ROUTES DÉPARTEMENTALES.

ARTICLES DU BUDGET.	NATURE DES DÉPENSES.	MONTANT des DÉPENSES effectuées.	MANDATS de paiement délivrés.	RESTE A PAYER mandats non acquittés.	non encore mandatées.	TOTAL ÉGAL au montant des DÉPENSES effectuées.	CRÉDITS alloués par LE BUDGET.	EXCÉDANT DES DÉPENSES sur LES CRÉDITS.	CRÉDITS sur LES DÉPENSES.
1 1°	*Routes du premier lot.*								
	N°s. 1. De Saint-Denis à Saint-Cloud par le Point-du-Jour........	2,315 44	2,315 44	» »	» »				
	2. De Paris à Saint-Cloud par Passy....................	887 16	887 16	» »	» »				
	3. De Sèvres au bois de Boulogne (avenue des Princes)........	67 97	67 97	» »	» »				
	4. De Long-Champs au bac de Suresne...................	» »	» »	» »	» »				
	11. De Versailles à Saint-Denis. (1re. partie)...............	3,970 52	3,970 52	» »	» »	12,070 68	11,000 00	1,070 68	» »
	29. D'Auteuil à la route royale n°. 11....................	3,312 86	3,312 86	» »	» »				
	30. De la route royale n°. 11, au bois de Boulogne par Auteuil....................	846 05	846 05	» »	» »				
	Honoraires des Ingénieurs et traitement de Conducteur.............	670 68	670 68	» »	» »				
	A reporter.....	12,070 68	12,070 68	» »	» »	12,070 68	11,000 00	1,070 68	» »

(*) Attendu que les plans et devis de cette prison n'ont pu être dressés en 1827, et que les fonds destinés à l'exécution des travaux ne pouvaient recevoir leur affectation, S. Exc. le Ministre de l'Intérieur, sur la demande qui lui en a été faite, a autorisé le prêt de ces 45,362 fr. 96 c. *au nouveau Dépôt de Police* dont les travaux de construction ont été conduits avec activité.

ARTICLES DU BUDGET.	NATURE DES DÉPENSES.	MONTANT des DÉPENSES effectuées.	MANDATS de paiement délivrés.	RESTE A PAYER SUR LES DÉPENSES — mandats non acquittés.	RESTE A PAYER — non encore mandatées.	TOTAL ÉGAL au montant des DÉPENSES effectuées.	CRÉDITS alloués par LE BUDGET.	EXCÉDANT DES DÉPENSES sur LES CRÉDITS.	EXCÉDANT DES CRÉDITS sur LES DÉPENSES.
	Report.....	12,070 68	12,070 68	» »	» »	12,070 68	11,000 00	1,070 68	» »
1 2°	*Routes du second lot.*								
	Nᵒˢ. 5. De Neuilly à Saint-Cloud par Suresne..................	1,414 81	1,414 81	» »	» »				
	7. De Neuilly à Gennevilliers, par Courbevoie et Asnières..	5,616 30	5,616 30	» »	» »				
	8. De la caserne de Courbevoie à Neuilly................	2,051 61	2,051 61	» »	» »				
	9. De Neuilly à Maisons par Bezons....................	5,187 39	5,187 39	» »	» »	16,966 48	15,500 00	1,466 48	» »
	10. *Cette route a été classée au nombre des routes royales.*	» »	» »	» »	» »				
	31. De Courbevoie à Nanterre par l'avenue de la Caserne......	714 34	714 34	» »	» »				
	32. De Courbevoie à Colombes..	1,039 55	1,039 55	» »	» »				
	Honoraires des Ingénieurs et traitement de Conducteurs............	942 48	942 48	» »	» »				
1 3°	*Routes du troisième lot.*								
	Nᵒˢ 6. Huit chaussées adjacentes à la route royale nᵒ. 13.......	146 59	146 59	» »	» »				
	12. De Paris à Neuilly par le Roule...................	4,320 39	4,320 39	» »	» »				
	15. De Paris à Montmartre par la barrière Blanche..........	1,040 26	1,040 26	» »	» »				
	33. De Paris à Argenteuil.......	3,747 74	3,747 74	» »	» »	12,102 87	14,000 00	» »	1,897 13
	34. Traverse de Neuilly........	59 22	59 22	» »	» »				
	35. De Paris à Clignancourt....	1,564 85	1,564 85	» »	» »				
	36. De la Chapelle à Clignancourt....................	550 56	550 56	» »	» »				
	Honoraires des Ingénieurs et traitement d'un Conducteur..........	673 26	673 26	» »	» »				
1 4°	*Routes du 4ᵉ. lot.*								
	Nᵒˢ 11. De Versailles à Saint-Denis, (2ᵉ. partie)...............	5,009 67	5,009 67	» »	» »				
	13. De Paris à Saint-Ouen.......	6,500 05	6,500 05	» »	» »				
	14. De Paris à Clichy-la-Garenne..	2,782 42	2,782 42	» »	» »				
	16. De Saint-Denis à Montmorency par La Barre........	3,676 33	3,676 33	» »	» »	21,051 15	18,000 00	3,051 15	» »
	17. De Saint-Denis à la Briche...	1,628 79	1,628 79	» »	»				
	18. De Saint-Denis au port Saint-Denis...................	283 80	283 80	» »	» »				
	Honoraires des Ingénieurs et traitement de Conducteur............	1,170 09	1,170 09	» »	» »				
	A reporter.....	62,191 18	62,191 18	» »	» »	62,191 18	58,500 00	5,5 8 31	1,897 13

ARTICLES DU BUDGET	NATURE DES DÉPENSES.	MONTANT des DÉPENSES effectuées.	MANDATS de paiement délivrés.	RESTE À PAYER SUR LES DÉPENSES — mandats non acquittés.	non encore mandatées.	TOTAL ÉGAL au montant des DÉPENSES effectuées.	CRÉDITS alloués par LE BUDGET.	EXCÉDANT DES DÉPENSES sur LES CRÉDITS.	EXCÉDANT DES CRÉDITS sur LES DÉPENSES.
	Report	62,191 18	62,191 18	» »	» »	62,191 18	58,500 00	5,588 31	1,89?
1 5°	*Routes du 5e. lot.*								
	Nos 19. De Saint-Denis à Gonesse...	2,490 26	2,490 26	» »	» »				
	20. Du Bourget à Garges par Dugny..............	1,416 37	1,416 37	» »	» »				
	21. Embranchement d'Aubervilliers................	2,431 77	2,431 77	» »	» »				
	22. Rue Notre-Dame, dans la Villette...............	321 41	321 41	» »	» »	11,128 36	12,000 00	» »	87?
	24. Route des Petits-Ponts......	2,204 21	2,204 21	» »	» »				
	37. De Saint-Denis à la Cour-Neuve...............	563 85	563 85	» »	» »				
	38. Du Bourget à Drancy.......	1,082 13	1,082 13	» »	» »				
	Honoraires des Ingénieurs et traitement de Conducteur...........	618 36	618 36	» »	» »				
1 6°	*Routes du 6e. lot.*								
	Nos 23. De Bondy à Charenton par Noisy (1re. partie.).......	3,062 60	3,062 60	» »	» »				
	25. Chemin de la Voirie de Montfaucon	1,052 29	1,052 29	» »	» »				
	26. De Paris à Noisy, par Belleville.................	3,821 89	3,821 89	» »	» »				
	27. Route de Ménilmontant.....	1,097 27	1,097 27	» »	» »	14,039 78	13,500 00	539 78	
	28. De Paris à Charonne.......	674 10	674 10	» »	» »				
	29. Rue de l'Église à Pantin.....	704 90	704 90	» »	» »				
	40. Route de Pantin à Charonne..	2,846 57	2,846 57	» »	» »				
	Honoraires des Ingénieurs et traitement de Conducteur...........	780 16	780 16	» »	» »				
1 7°	*Routes du 7e. lot.*								
	Nos 23. Route de Bondy à Charenton (2e. partie.)...........	4,794 67	4,794 67	» »	» »				
	42. De Paris à Provins, par Saint-Maur...................	6,703 14	6,703 14	» »	» »				
	47. Rue Grange-aux-Merciers, à Bercy...................	2,088 64	2,088 64	» »	» »				
	48. Rue du Petit-Bercy........	2,582 62	2,582 62	» »	» »				
	49. Chemin du bac des Carrières de Charenton.............	572 75	572 75	» »	» »	20,155 33	17,500 00	2,655 33	»
	50. Rue de Valdonne, dans Charonne...................	281 80	281 80	» »	» »				
	63. Route du Pont de Saint-Maur au bac de Creteil.........	2,011 69	2,011 69	» »	» »				
	Honoraires des Ingénieurs et traitement de Conducteur...........	1,120 02	1,120 02	» »	» »				
	À reporter	107,514 65	107,514 65	» »	» »	107,514 65	101,500 00	8,783 42	2,768

ARTICLES DU BUDGET.	NATURE DES DÉPENSES.	MONTANT des DÉPENSES effectuées.	MANDATS de paiement délivrés.	RESTE A PAYER SUR LES DÉPENSES		TOTAL ÉGAL au montant des DÉPENSES effectuées.	CRÉDITS alloués par LE BUDGET.	EXCÉDANT DES	
				mandats non acquittés.	non encore mandatés.			DÉPENSES sur LES CRÉDITS.	CRÉDITS sur LES DÉPENSES.
	Report	107,514 65	101,500 00	» »	» »	107,514 65	101,500 00	8,783 42	2,768 77
§ 8°	*Route non classée en lots.*								
	N° 58. Route de Choisy à Bonneuil..	2,572 97	2,572 97	» »	» »	2,710 82	4,500 00	» »	1,789 18
	Honoraires des Ingénieurs et traitement de Conducteur.............	137 85	137 85	» »	» »				
§ 9°	*Routes du 8e lot.*								
	N°s 41. De Paris à Gagny, par Montreuil...................	5,320 54	5,320 54	» »	» »				
	43. De Fontenay-sous-Bois à Paris..................	2,045 78	2,045 78	» »	» »				
	44. De Nogent-sur-Marne à Noisy-le-Grand..................	1,368 78	1,368 78	» »	» »				
	45. Du Pont de Saint-Maur à Villiers-le-Désert	2,580 26	2,580 26	» »	» »	17,159 73	16,500 00	659 73	» »
	46. Embranchement de Petit-Bric à la route n. 45..........	3,070 53	3,070 53	» »	» »				
	62. De Vincennes à Montreuil...	1,820 31	1,820 31	» »	» »				
	Honoraires des Ingénieurs et traitement de Conducteur.............	953 53	953 53	» »	» »				
§ 10°	*Routes du 9e. lot.*								
	N°s 51. De Paris à Clichy, par Vitry..	5,336 41	5,336 41	» »	» »				
	52. De Paris à Ivry............	632 60	632 60	» »	» »				
	53. Avenue de Bicêtre.........	» »	» »	» »	» »				
	64. De Paris au Port-à-l'Anglais..	189 33	189 33	» »	» »	9,407 58	9,000 00	407 58	» »
	65. De Gentilly à Cachant, par Cormeil.................	2,485 87	2,485 87	» »	» »				
	68. De Choisy à Orly.........	206 49	206 49	» »	» »				
	69. D'Orly à la route royale n. 7...	33 96	33 96	» »	» »				
	Honoraires des Ingénieurs et traitement de Conducteur.............	522 92	522 92	» »	» »				
§ 11°	*Routes du 10e. lot.*								
	N°s 54. De Paris à Versailles et Chevreuse	3,705 04	3,705 04	» »	» »				
	56. De Cachant à Clamart, par Bagneux..................	1,185 82	1,185 82	» »	» »				
	57. De Châtillon à Sceaux, par Fontenay................	2,966 69	2,966 69	» »	» »	8,319 87	8,000 00	319 87	» »
	73. D'Arcueil à la route royale n°. 20..................	» »	» »	» »	» »				
	Honoraires des Ingénieurs et traitement de Conducteur.............	462 32	462 32	» »	» »				
	A reporter	145,619 65	139,500 00	» »	» »	145,112 65	139,500 00	10,170 60	4,557 95

ARTICLES DU BUDGET	NATURE DES DÉPENSES.	MONTANT des DÉPENSES effectuées.	MANDATS de paiement délivrés.	RESTE A PAYER SUR LES DÉPENSES		TOTAL ÉGAL au montant des DÉPENSES effectuées.	CRÉDITS alloués par LE BUDGET.	EXCÉDANS DES DÉPENSES sur LES CRÉDITS.	EXCÉDANS DES CRÉDITS sur LES DÉPENSES.
				mandats non acquittés.	non encore mandatées.				
	Report.....	145,112 65	139,500 00	» »	» »	145,112 65	139,500 00	10,170 60	4,557 95
1 12°	*Routes du 11e. lot.*								
	N°s 55. Chaussée du Maine.........	4,050 08	4,050 08	» »	» »				
	60. de l'Ecole Militaire à Vaugirard......................	1,361 99	1,361 99	» »	» »				
	61. Rue du Faubourg de Sèvres..	173 00	173 »	» »	» »	7,506 83	6,700 00	806 83	» »
	74. De Montrouge à Issy, par Vanvres..................	1,504 36	1,504 36	» »	» »				
	Honoraires d'Ingénieurs et traitement de Conducteurs................	417 40	417 40	» »	» »				
1 13°	*Route du 12e. lot.*								
	N°s 66. De Villejuif à L'haï........	57 39	57 39	» »	» »				
	67. De Versailles à Choisy par Sceaux....................	2,911 48	2,911 48	» »	» »				
	70. De Rungis à la route n°. 67...	» »	» »	» »	» »	3,686 78	3,800 00	» »	113 22
	71. De Fresnes à la même route..	» »	» »	» »	» »				
	72. De Châtenay à la même route..	513 05	513 05	» »	» »				
	Honoraires des Ingénieurs et traitement de Conducteur.............	204 86	204 86	» »	» »				
1 14°	Traitem.s de quatre Conducteurs chargés de la surveillance des travaux..	» »	» »	» »	» »	» »	6,000 00	» »	6,000 00
2	Ponts à bascule établis sur les routes :								
	1°. Salaires des préposés...........	3,220 56	3,220 56	» »	» »	3,520 56	3,600 00	» »	79 44
	2°. Travaux d'entretien et réparations de ces ponts..................	300 00	300 00	» »	» »				
3	*Frais d'impressions et menues dépenses.*								
	1°. Indemnité pour acquisition de terrain pour la route royale n°. 40....	33 68	33 68	» »	» »				
	2°. Menus frais d'impressions pour le service des routes................	39 50	39 50	» »	» »	273 18	500 00	» »	226 82
	3°. Honoraires d'avocat sur une contestation relative à une route supprimée.	200 00	200 00	» »	» »				
	TOTAL du Chapitre 7......	160,100 00	160,100 00	» »	» »	160,100 00	160,100 00	10,977 43	10,977 43
	BALANCE.....								» »

CHAPITRE VIII.

ENFANS ABANDONNÉS.

Unique.	Contingent du département dans les dépenses des enfans abandonnés...	400,000 00	400,000 00	» »	» »	400,000 00	400,000 00	» »	» »

ARTICLES DU BUDGET.	NATURE DES DÉPENSES.	MONTANT des DÉPENSES effectuées.	MANDATS de paiement délivrés.	RESTE A PAYER SUR LES DÉPENSES — mandats non acquittés.	RESTE A PAYER — non encore mandatées.	TOTAL ÉGAL au montant des DÉPENSES effectuées.	CRÉDITS alloués par LE BUDGET.	EXCÉDANT DES — DÉPENSES sur LES CRÉDITS.	EXCÉDANT DES — CRÉDITS sur LES DÉPENSES.
	CHAPITRE IX.								
	ENCOURAGEMENS ET SECOURS.								
2	1°. Encouragemens à la Société d'Agriculture..........................	4,000 00	4,000 00	» »	» »			» »	» »
	Idem à la Société de Médecine......................	3oo oo	3oo oo	» »	» »	4,3oo oo	4,3oo oo		
3	Traitement annuel d'un Artiste vétérinaire résidant à Saint-Denis.......	8oo oo	8oo oo	» »	» »	8oo oo	8oo oo	» »	» »
4	Pensions d'élèves sage-femmes admises à suivre les cours de la Maternité..	3,937 3o	3,937 3o	» »	» »	3,937 3o	4,216 oo	» »	278 7o
7	1°. Indemnité à d'anciens employés de l'ex-conseil spécial d'administration des prisons de la Seine............	9,394 37	» »	» »	9,394 37	9,394 37	19,25o oo	» »	9,855 63
	2°. Secours à Mme. Gambier, veuve d'un ancien inspecteur-général des prisons.....................	709 00	709 00	» »	» »	709 00	709 00	» »	» »
14	Supplément de rations de vivres aux détenus pour dettes indigens.......	3,091 35	3,091 35	» »	» »	3,091 35	6,000 00	» »	2,9o8 65
	Total du Chapitre 9........	22,232 02	12,837 65	» »	9,394 37	22,232 02	35,275 00	» »	13,042 98
	CHAPITRE X.								
	DETTE DÉPARTEMENTALE.								
1	Exercice 1814. Fourniture d'un câble à puits pour Bicêtre, et transport d'objets mobiliers appartenant aux prisons.....................	217 4o	217 4o	» »	» »				
	Droits d'assurance de la maison acquise pour servir de caserne à la brigade de gendarmerie en résidence à Passy..................	39 55	39 55	» »	» »	656 95	7o6 95	» »	5o oo
	Menus travaux de menuiserie au Tribunal de Commerce.............	4oo oo	4oo oo	» »	» »				
2	Exercice 1815. Solde de fournitures de papiers de tenture pour l'appropriation des localités du Palais de Justice, occupées par la Cour prévôtale....................	194 84	194 84	» »	» »	194 84	194 84	» »	» »
	A reporter.....	5 79	851 79		» »	851 79	9o1 79	» »	5o oo

ARTICLES DU BUDGET.	NATURE DES DÉPENSES.	MONTANT des DÉPENSES effectuées.	MANDATS de paiement délivrés.	RESTE A PAYER SUR LES DÉPENSES — mandats non acquittés.	RESTE A PAYER — non encore mandatées.	TOTAL ÉGAL au montant des DÉPENSES effectuées.	CRÉDITS alloués par LE BUDGET.	EXCÉDANT DES DÉPENSES sur LES CRÉDITS.	EXCÉDANT DES CRÉDITS sur LES DÉPE…
	Report	851 79	851 79	» »	» »	851 79	901 79	» »	50
3	Exercice 1817. Prix d'achat d'objets mobiliers, cédés en 1817, par la ville de Paris aux prisons départementales et dépôt de mendicité.......	11,000 00	11,000 00	» »	» »	11,000 00	11,000 00	» »	
4	Exercice 1821. Menus travaux de menuiserie au mobilier de la prison de Saint-Lazare...................	342 00	342 00	» »	» »	342 00	410 00	» »	68
5	Exercice 1823. Fourniture d'un câble et de cordes pour le service de la prison de Bicêtre..............	265 90	265 90	» »	» »	265 90	267 90	» »	2
6	Exercice 1820. Etablissement, dans une des cours du Palais de Justice, d'une pompe à volant pour le service du grand réservoir..........	5,694 90	5,694 90	» »	» »	5,694 90	5,700 00	» »	5
7	Exercice 1825. Indemnités dues pour acquisitions de terrains nécessaires à la formation d'une route aux abords du pont de Bezons........	2,682 43	2,552 09	130 34	» »	2,682 43	3,355 92	» »	673
	Solde de la pension d'une Elève sage-femme admise à suivre les cours d'accouchement à la Maternité...	378 65	378 65	» »	» »	378 65	378 65	» »	
	Solde des travaux de pavage exécutés aux petite et grande Forces.......	2,800 00	2,800 00	» »	» »	2,800 00	2,800 00	» »	
	Appositions d'affiches relatives aux courses de chevaux du Champ-de-Mars........................	» »	» »	» »	» »	» »	10 00	» »	10
	TOTAL du Chapitre 10.....	24,015 67	23,885 33	130 34	» »	24,015 67	24,824 26	» »	808

CHAPITRE XI.

FONDS DE RÉSERVE.

§. 1.

Dépenses diverses annuelles.

ARTICLES DU BUDGET.	NATURE DES DÉPENSES.	MONTANT des DÉPENSES effectuées.	MANDATS de paiement délivrés.	RESTE A PAYER SUR LES DÉPENSES — mandats non acquittés.	RESTE A PAYER — non encore mandatées.	TOTAL ÉGAL au montant des DÉPENSES effectuées.	CRÉDITS alloués par LE BUDGET.	EXCÉDANT DES DÉPENSES sur LES CRÉDITS.	EXCÉDANT DES CRÉDITS sur LES DÉPE…
1	Supplément de traitement du Secrétaire général de la Préfecture de la Seine....................	6,000 00	6,000 00	» »	» »	6,000 00	6,000 00	» »	
2	*Id.* du Sous-Préfet de Saint-Denis...	3,000 00	3,000 00	» »	» »	6,000 00	6,000 00	» »	
5	*Id.* du Sous-Préfet de Sceaux.......	3,000 00	3,000 00	» »	» »			» »	
4	*Id.* des cinq Conseillers de Préfecture.	14,025 00	14,025 00	» »	» »	14,025 00	15,000 00	» »	975
5	Moitié des frais de bureaux des Ponts et Chaussées...................	10,000 00	10,000 00	» »	» »	10,000 00	10,000 00	» »	»
6	Indemnité au Receveur-général du département, pour la comptabilité des fonds spéciaux et de cotisations, en dépôt à la caisse pour le service du Département...................	500 00	500 00	» »	» »	500 00	500 00	» »	»
7	Dépenses de la Morgue et frais d'enlèvement des corps y déposés.......	2,218 00	2,218 00	» »	» »	2,218 00	2,500 00	» »	282
8	Menus frais relatifs au recrutement annuel des jeunes soldats..........	1,200 00	1,200 00	» »	» »	1,200 00	1,200 00	» »	»
	A reporter	39,943 00	39,943 00	» »	» »	39,943 00	41,200 00	» »	1,257

ARTICLES DU BUDGET.	NATURE DES DÉPENSES.	MONTANT des dépenses effectuées.	MANDATS de paiement délivrés.	RESTE A PAYER SUR LES DÉPENSES		TOTAL ÉGAL au montant des DÉPENSES effectuées.	CRÉDITS alloués par LE BUDGET.	EXCÉDANT DES	
				mandats non acquittés.	non encore mandatées.			DÉPENSES sur LES CRÉDITS.	CRÉDITS sur LES DÉPENSES.
	Report.....	39,943 00	39,943 00	» »	» »	39,943 00	41,200 00	» »	1,257 00
	§. 2.								
	Dépenses accidentelles imprévues.								
1°	Frais de timbre de papier et frais d'expéditions de tables décennales de l'état civil....................	5,588 50	5,588 50	» »	» »				
2°	Frais de transport des voyageurs indigens et vagabonds, en 1827........	142 50	142 50	» »	» »				
3°	Secours de 15 centimes par lieue aux voyageurs indigens munis de passeports..................	184 50	184 50	» »	» »				
4°	*Idem* aux forçats libérés sortant des bagnes pour se rendre à leur destination..................	56 70	56 70	» »	» »				
5°	Prix de souscription à 15 exemplaires des Classiques latins publiés par M. Lemaire..................	2,152 50	2,152 50	» »	» »				
6°	*Idem* à 12 exemplaires des Annales de l'industrie agricole et manufacturière..................	360 00	360 00	» »	» »				
7°	Complément des frais de construction d'un bâtiment élevé sur le bord de la Seine (port Saint-Nicolas), pour porter secours aux asphyxiés.......	343 00	343 00	» »	» »	(1) 38,332 01	32,058 37	6,273 64	» »
8°	Portion à la charge du département dans les dépenses des courses de chevaux en 1827................	9,196 34	8,996 73	199 61	» »				
9°	A valoir sur les frais de confection des listes électorales de 1827.........	16,354 00	16,354 00	» »	» »				
10°	Frais de réception de Sa Majesté par les autorités du Département à son retour de Saint-Omer...........	548 30	548 30	» »	» »				
11°	Frais relatifs à la réception, au classement et à la conservation des objets présentés à la Préfecture pour être soumis au jury d'admission à l'exposition des produits de l'industrie...	2,792 60	2,792 60	» »	» »				
12°	Récompenses pour deux traits de courage qui ont sauvé la vie à deux enfans..................	100 00	100 00	» »	» »				
13°	Frais d'estimation des matériaux approvisionnés à Bicêtre et cédés à l'administration des hospices......	503 20	503 20	» »	» »				
14°	Frais de timbre et d'enregistrement du bail d'une boutique appartenant au département, au Palais de Justice.................	9 87	9 87	» »	» »				
	TOTAL du Chapitre 11......	78,275 01	78,075 40	199 61	» »	78,275 01	73,258 37	6,273 64	1,257 00

Excédant des Dépenses effectuées sur les Crédits..... 5,016 64

(1) Toutes ces Dépenses n'ont été faites et payées qu'en vertu d'autorisations spéciales de S. Exc. le Ministre de l'Intérieur.

RÉCAPITULATION.

ARTICLES DU BUDGET.	NATURE DES DÉPENSES.	MONTANT des DÉPENSES effectuées.	MANDATS de paiement délivrés.	RESTE A PAYER SUR LES DÉPENSES — mandats non acquittés.	RESTE A PAYER SUR LES DÉPENSES — non encore mandatées.	TOTAL ÉGAL au montant des DÉPENSES effectuées.	CRÉDITS alloués par LE BUDGET.	EXCÉDANT DES DÉPENSES sur LES CRÉDITS.	EXCÉDANT DES CRÉDITS sur LES DÉPENS…
Chap. 1.	Préfecture	13,494 33	13,494 33	» »	» »	13,494 33	13,600 00	» »	105 (
— 2.	Prisons départementales.	695,095 52	695,095 52	» »	» »	695,095 52	721,938 28	» »	26,842 7
— 3.	Dépôt, secours et ateliers pour remédier à la mendicité	112,538 50	112,538 50	» »	» »	112,538 50	137,573 90	» »	25,035 4
— 4.	Casernement de la Gendarmerie	42,500 20	36,633 28	241 00	5,625 92	42,500 20	36,400 00	6,100 20	»
— 5.	Dépenses variables des Cours et Tribunaux	111,763 10	110,827 10	936 00	» »	111,763 10	113,666 00	»	1,902 9
— 6.	Travaux des bâtimens civils	244,371 99	224,672 91	467 11	19,231 97	244,371 99	267,908 96	» »	23,536 9
— 7.	Travaux des routes départementales	160,100 00	160,100 00	» »	» »	160,100 00	160,100 00	» »	» »
— 8.	Enfans-Trouvés	400,000 00	400,000 00	» »	» »	400,000 00	400,000 00	» »	» »
— 9.	Encouragems. et secours.	22,232 02	12,837 65	» »	9,394 37	22,232 02	35,275 00	» »	13,042 98
— 10.	Dette départementale	24,015 67	23,885 33	130 34	» »	24,015 67	24,824 26	» »	808 5g
— 11.	Fonds de réserve	78,275 01	78,075 40	199 61	» »	78,275 01	73,258 37	5,016 64	» »
	Totaux Généraux…	1,904,386 34	1,868,160 02	1,974 06	34,252 26	1,904,386 34	1,984,544 77	11,116 84	91,275 27

Excédant des Crédits sur les Dépenses faites….. 80,158 43

BALANCE.

Les Recettes portées en tête du présent Compte, et dont on doit justifier, sont de.............................. 1,935,853 85

Le Total des Dépenses comprises dans la Récapitulation des *Dépenses effectuées*, se monte à........................ 1,904,386 34

Sur ce Total il reste à payer pour mandats expédiés et non présentés au Payeur au 30 novembre 1828............. 1,974 06

Idem à mandater ultérieuremeut sur les Budgets des exercices suivans pour Dépenses non mandatées............. 34,252 26

36,226 32

Reste en Dépenses acquittées...... 1,868,160 02   1,868,160 02

Partant, les Recettes présentent un Excédant annulé par le Trésor Royal au 30 novembre 1828, à comprendre au Budget de Report de l'exercice 1827 sur 1829.......... 67,693 83 [1]

A Paris, le 25 février 1829.

Certifié véritable, le Conseiller d'État,
Préfet de la Seine ,

    Signé CHABROL.

Le Payeur du département certifie le présent Compte en ce qui concerne les paiemens effectués, lesquels s'élèvent à la somme totale de un million huit cent soixante-huit mille cent soixante francs , deux centimes.

Paris, le 6 mars 1829.   *Signé* SCITIVAUX.

(1) Sur cette somme 55,675 fr. 65 cent. sont destinés à solder des dépenses faites et dont le paiement n'a pu être effectué avant la clôture de l'exercice, et 12,018 fr. 18 cent. provenant d'économies obtenues sur les crédits ne recevront d'affectation qu'après vote du Conseil général.

Compte,

au 1er. décembre 1828,

des

Dépenses départementales, facultatives et extraordinaires,

de L'Exercice 1827,

et des sommes qui ont été allouées, ordonnancées et employées au paiement de ces Dépenses.

Crédits

ACCORDÉS

Pour Dépenses extraordinaires d'utilité départementale.

Exercice 1827.

Il a été alloué, tant au Budget primitif des Dépenses facultatives qu'au Budget des centimes extraordinaires, et au Budget de report des fonds libres de 1825 sur 1827, pour toutes les Dépenses qui y sont désignées, une somme totale de *neuf cent quatre-vingt-seize mille deux cent quatre-vingt-neuf francs, quatre-vingt-cinq centimes;*

SAVOIR:

Sur les cinq centimes facultatifs ordinaires.............	552,178	79
Sur les deux centimes extraordinaires imposés en vertu de la loi du 21 juillet 1824..........................	220,871	52
Sur fonds libres reportés de 1825 à 1827	223,239	54
ENSEMBLE...........	996,289	85

Recettes

Ou Ordonnances de Délégation, délivrées par S. Ex. le Ministre de l'Intérieur, sur les allocations des Budgets.

ARTICLE PREMIER.

Sur les centimes facultatifs et extraordinaires de 1827.

Le 5 février 1827,	Ordonnance n°. 126 de............	50,000 00	
Le 23 février	Ordonnance n°. 208 de............	62,000 00	
Le 19 mars	Ordonnance n°. 347 de............	58,000 00	
Le 20 avril	Ordonnance n°. 579 de............	64,000 00	
Le 16 mai	Ordonnance n°. 775 de............	·72,000 00	
Le 15 juin	Ordonnance n°. 968 de............	61,000 00	
Le 21 juillet	Ordonnance n°. 1325 de............	55,000 00	
Le 20 août	Ordonnance n°. 1567 de............	50,000 00	773,050 31
Le 21 septembre	Ordonnance n°. 1853 de............	63,000 00	
Le 20 octobre	Ordonnance n°. 2055 de............	52,000 00	
Le 19 novembre	Ordonnance n°. 2276 de............	40,000 00	
Le 18 décembre	Ordonnance n°. 2462 de............	40,000 00	
Le 15 janvier 1828,	Ordonnance n°. 2717 de............	53,000 00	
Le 19 février	Ordonnance n°. 2874 de............	42,743 23	
Le 10 mars	Ordonnance n°. 2923 de............	10,307 08	

ARTICLE II.

Sur les centimes de l'exercice 1825.

Le 13 juillet 1827,	Ordonnance n°. 1235 de............	75,504 63	
Le 25 juillet	Ordonnance n°. 1374 de............	68,179 42	223,239 54
Le 24 août	Ordonnance n°. 1618 de............	79,555 49	

TOTAL GÉNÉRAL des sommes ordonnancées, ou montant des Recettes dont on doit justifier.. 996,289 85

ARTICLES DU BUDGET.	NATURE DES DÉPENSES.	MONTANT des DÉPENSES effectuées.	MANDATS de paiement délivrés par le préfet.	RESTES A PAYER SUR LES DÉPENSES		TOTAL ÉGAL au montant des DÉPENSES.	SOMMES allouées pour ces dépenses AUX BUDGETS.	EXCÉDANS DES	
				mandatées et non acquittées.	non mandatées par le préfet.			DÉPENSES sur les sommes allouées aux budgets.	SOMMES allouées sur les DÉPENSES.
	DÉPENSES.								
	SECTION PREMIÈRE.								
	SECOURS.								
1	Fonds de réserve pour ateliers de charité afin d'occuper la classe indigente des communes rurales pendant l'hiver....	2,993 50	2,993 50	» »	» »	2,993 50	3,000 00	» »	6 50
2	Secours à la maison de refuge des jeunes prisonniers....	4,000 00	4,000 00	» »	» »				
3	Secours à la maison du Bon-Pasteur...	4,000 00	4,000 00	» »	» »	8,000 00	8,000 00	» »	» »
4	Secours aux écoles élémentaires des jeunes sourds-muets....	» »	» »	» »	» »	» »	Mémoire. [a]	» »	» »
	TOTAL de la Sect. 1re....	10,993 50	10,993 50	» »	» »	10,993 50	11,000 00	» »	6 50
	SECTION II.								
	DÉPENSES RELATIVES AU CLERGÉ.								
1	Indemnité à M. l'archevêque....	20,000 00	20,000 00	» »	» »	20,000 00	20,000 00	» »	» »
	Indemnité supplémentaire à M. l'archevêque....	10,000 00	10,000 00	» »	» »	10,000 00	10,000 00	» »	» »
2	Indemnité aux membres du Chapitre métropolitain....	31,600 00	31,600 00	» »	» »	31,600 00	31,600 00	»	» »
3	Réparations et fournitures au mobilier de l'archevêché....	1,080 00	1,080 00	» »	» »	1,080 00	4,000 00	» »	2,920 00
4	Travaux de constructions du séminaire diocésain....	14,532 99	1,811 29	» »	12,721 70	14,532 99	17,878 46	» »	3,345 47
5	Contribution dans les dépenses de construction de deux églises ;								
	Savoir : Église de Bercy....	10,100 74	10,100 74	» »	» »	17,640 74	17,640 74	» »	» »
	Église de Montrouge....	7,540 00	7,540 00	» »	» »				
	A reporter....	94,853 73	82,132 03	» »	12,721 70	94,853 73	101,119 20	» »	6,265 47

(a) Cette dépense a été considérée par le Conseil général comme une charge de la Ville de Paris.

II

ARTICLES DU BUDGET.	NATURE DES DÉPENSES.	MONTANT des DÉPENSES effectuées.	MANDATS de paiement delivrés par le préfet.	RESTES A PAYER SUR LES DÉPENSES — mandatées et non acquittées.	RESTES A PAYER — non mandatées par le préfet.	TOTAL ÉGAL au montant des DÉPENSES.	SOMMES allouées pour ces dépenses AUX BUDGETS.	EXCÉDANS DES DÉPENSES sur les sommes allouées aux budgets.	EXCÉDANS DES SOMMES allouées sur les DÉPENSES.
	Report.....	94,853 73	82,132 03	» »	12,721 70	94,853 73	101,119 20	» »	6,265 47
6	Contribution dans les dépenses de restauration de deux autres églises;								
	Savoir : Église de Villejuif.....	4,400 00	4,400 00	» »	» »	10,400 00	10,400 00	» »	» »
	Église de Neuilly.....	6,000 00	6,000 00	» »	» »				
7	Contribution dans les dépenses de restauration de l'église de la commune de Fontenay-aux-Roses..........	» »	» »	» »	» »	» »	7,000 00	» »	7,000 00
	Total de la Sect. 2e.......	105,253 73	92,532 03	» »	12,721 70	105,253 73	118,519 20	» »	13,265 47

SECTION III.

ACQUISITIONS FONCIÈRES.

ARTICLES DU BUDGET.	NATURE DES DÉPENSES.	MONTANT des DÉPENSES effectuées.	MANDATS de paiement delivrés par le préfet.	RESTES A PAYER SUR LES DÉPENSES — mandatées et non acquittées.	RESTES A PAYER — non mandatées par le préfet.	TOTAL ÉGAL au montant des DÉPENSES.	SOMMES allouées pour ces dépenses AUX BUDGETS.	EXCÉDANS DES DÉPENSES sur les sommes allouées aux budgets.	EXCÉDANS DES SOMMES allouées sur les DÉPENSES.
1	Acquisition de la maison servant de caserne à la gendarmerie de St.-Denis.	20,151 85	20,151 85	» »	» »	20,151 85	21,210 00	» »	1,058 15
2	Acquisition d'une maison à Neuilly, pour servir de caserne à la gendarmerie.....................	15,000 00	15,000 00	» »	» »	15,000 00	15,000 00	» »	» »
	Total de la Sect. 3e........	35,151 85	35,151 85	» »	» »	35,151 85	36,210 00	» »	1,058 15

SECTION IV.

TRAVAUX EXTRAORDINAIRES AUX ROUTES DÉPARTEMENTALES.

§. 1er.

Pavages à neuf :

ARTICLES DU BUDGET.	NATURE DES DÉPENSES.	MONTANT des DÉPENSES effectuées.	MANDATS de paiement delivrés par le préfet.	RESTES A PAYER SUR LES DÉPENSES — mandatées et non acquittées.	RESTES A PAYER — non mandatées par le préfet.	TOTAL ÉGAL au montant des DÉPENSES.	SOMMES allouées pour ces dépenses AUX BUDGETS.	EXCÉDANS DES DÉPENSES sur les sommes allouées aux budgets.	EXCÉDANS DES SOMMES allouées sur les DÉPENSES.
1	Route n°. 26 de Paris à Noisy par Belleville (traverse de Romainville)...	2,497 13	2,497 13	» »	» »	2,497 13	3,000 00	» »	502 87
2	Continuation du pavage de la route n°. 41, de Paris à Gagny, dit du Petit-Charonne...................	23,989 75	23,989 75	» »	» »	23,989 75	24,000 00	» »	10 25
3	Route n°. 51, de Paris à Choisy par Vitry...........................	12,994 44	12,994 44	» »	» »	12,994 44	13,000 00	» »	5 56
	Route n°. 56, de Cachant à Clamart...	5,997 43	5,997 43	» »	» »	5,997 43	6,000 00	» »	2 57
	Route n°. 64, de Paris au Port-à-l'Anglais..................	5,000 00	5,000 00	» »	» »	5,000 00	5,000 00	» »	» »
	A reporter.....	50,478 75	50,478 75	» »	» »	50,478 75	51,000 00	» »	521 25

DU BUDGET.	NATURE DES DÉPENSES.	MONTANT des DÉPENSES effectuées.	MANDATS de paiement délivrés par le préfet.	RESTES A PAYER SUR LES DÉPENSES		TOTAL ÉGAL au montant des DÉPENSES.	SOMMES allouées pour ces dépenses AUX BUDGETS.	EXCÉDANS DES	
				mandatées et non acquittées.	non mandatées par le préfet.			DÉPENSES sur les sommes allouées aux budgets.	SOMMES allouées sur les DÉPENSES.
	Report.....	50,478 75	50,478 75	» »	» »	50,478 75	51,000 00	» »	521 25
	Route n°. 66, de Villejuif à Lhay (traverse de Lhay)..................	2,998 72	2,998 72	» »	» »	2,998 72	3,000 00	» »	1 28
	Route n°. 72, de Châtenay à la route n°. 67 (traverse de Châtenay)....	3,000 00	3,000 00	» »	» »	3,000 00	3,000 00	» »	
	Route n°. 23, de Boudy à Charenton..	1,199 39	1,199 39	» »	» »	1,199 39	2,000 00	» »	800 61
	§. 2.								
	Travaux neufs :								
1	Solde du contingent de 13,000 fr. fournis par le Département dans les frais de confection de la route du Mont-Valérien à Suresne..............	5,763 98	5,763 98	» »	» »	5,763 98	5,942 59	» »	178 61
2	Établissement de plusieurs parties de la chaussée de la route n°. 40, de l'Autin à Charonne.................	» »	» »	» »	» »	» »	3,000 00	» »	3,000 00
3	Élargissement de la chaussée de la route n°. 54, de Paris à Chevreuse et Versailles........................	9,995 73	9,995 73	» »	» »	9,995 73	10,000 00	» »	4 27
4	Route n°. 63, de Saint-Maur au bac de Creteil (établissement de la chaussée sur les parties en terrain naturel)...	2,998 72	2,998 72	» »	» »	2,998 72	3,000 00	» »	1 28
5	Élargissement de la chaussée de la route n°. 67, de Choisy à Versailles par Sceaux.......................	3,998 29	3,998 29	» »	» »	3,998 29	4,000 00	» »	1 71
6	Raccordement de la route n°. 33, de Paris à Argenteuil, avec la rampe du nouveau pont d'Asnières, (rive droite de la Seine)..............	9,993 19	9,993 19	» »	» »	9,993 19	10,000 00	» »	6 81
	§. 3.								
	Constructions :								
1	Construction d'un caniveau pour l'écoulement des eaux putrides des boucheries riveraines de la route n°. 12, de Paris à Neuilly.............	3,498 50	3,498 50	» »	» »	3,498 50	3,500 00	» »	1 50
2	Contingent du Département dans les travaux d'amélioration du port de Villiers, commune de Neuilly.....	7,996 58	7,996 58	» »	» »	7,996 58	8,000 00	» »	3 42
3	Restauration du pont de Saint-Maur, sur la route n°. 42...............	» »	» »	» »	» »		*Mémoire.*	» »	» »
	A reporter.....	101,921 85	101,921 85	» »	» »	101,921 85	106,442 59	» »	4,520 74

ARTICLES DU BUDGET	NATURE DES DÉPENSES.	MONTANT des DÉPENSES effectuées.	MANDATS de paiement délivrés par le préfet.	RESTES A PAYER SUR LES DÉPENSES — mandatées et non acquittées.	RESTES A PAYER SUR LES DÉPENSES — non mandatées par le préfet.	TOTAL ÉGAL au montant des DÉPENSES.	SOMMES allouées pour ces dépenses AUX BUDGETS.	EXCÉDANS DES DÉPENSES sur les sommes allouées aux budgets.	EXCÉDANS DES SOMMES allouées sur les DÉPENSES.
	Report......	101,921 85	101,921 85	» »	» »	101,921 85	106,442 59	» »	4,520
	§. 4. *Plantations des routes :* Entretien et renouvellement de ces plantations.....................	4,997 86	4,997 86	» »	» »	4,997 86	5,000 00	» »	2
	§. 5. *Réparations extraordinaires aux routes :*								
	No. 1er. De Paris à Saint-Cloud......	1,499 36	1,499 36	» »	» »			» »	
	9. De Neuilly à Maison par Bezons.................	999 57	999 57	» »	» »				
	12. De Paris à Neuilly par le Faubourg du Roule........	999 57	779 79	» »	219 78				
	17. De Saint-Denis à La Briche..	1,499 36	1,499 36	» »	» »				
	19. De Saint-Denis à Gonesse...	1,499 36	1,499 36	» »	» »	11,994 86	12,000 00	» »	5
	20. Du Bourget à Garges.......	799 66	799 66	» »	» »				
	23. De Bondy à Charenton (1re. partie).................	1,499 36	1, 499 36	» »	» »				
	33. De Paris à Argenteuil......	999 57	999 57	» »	» »				
	42. De Paris à Provins........	2,199 05	2,199 05	» »	» »				
1	**§. 6.** *Chemins vicinaux :* Assainissement des rues de la commune de Vincennes...................	10,600 00	10,600 00	» »	» »	10,600 00	10,600 00	» »	»
	Total de la Sect. 4.......	129,514 57	129,294 79	» »	219 78	129,514 57	134,042 59	» »	4,528
	SECTION V. **GRANDS TRAVAUX** AUX ÉDIFICES DÉPARTEMENTAUX.								
1	**§. 1er.** *Sous-Préfectures :* Travaux de restauration et d'appropriation intérieure de la Sous-Préfecture de Saint-Denis.............	4,590 00	4,590 00	» »	» »	4,590 00	4,590 00	» »	»
2	Travaux d'agrandissement de la Sous-Préfecture de Sceaux............	4,200 00	4,200 00	» »	» »	4,200 00	4,200 00	» »	»
	Total du §. 1er..........	8,790 00	8,790 00	» »	» »	8,790 00	8,790 00	» »	»

ARTICLES DU BUDGET.	NATURE DES DÉPENSES.	MONTANT des DÉPENSES effectuées.	MANDATS de paiement délivrés par le préfet	RESTES A PAYER SUR LES DÉPENSES mandatées et non acquittées.	RESTES A PAYER non mandatées par le préfet.	TOTAL ÉGAL au montant des DÉPENSES.	SOMMES allouées pour ces dépenses AUX BUDGETS.	EXCÉDANS DES DÉPENSES sur les sommes allouées aux budgets.	EXCÉDANS DES SOMMES allouées sur les DÉPENSES.
	§. 2.								
	Palais de Justice :								
1	Relevé à neuf d'un quinzième des couvertures du Palais de Justice et ses dépendances....................	5o3 9o	5o3 9o	» »	» »	5o3 9o	1,5oo oo	» »	996 1o
2	Restauration du dépôt des détenus (dit les Souricières), et établissement d'un passage sur la cour du quai de l'Horloge, pour le service de ce dépôt............................	7,000 00	7,000 00	» »	» »	7,000 00	7,000 00	» »	» »
3	Agrandissement des localités affectées au service du tribunal de première instance, et transférement des Archives de l'état-civil.............	1,54o 95	1,54o 95	» »	» »	1,54o 95	84,437 12	» »	82,896 17
4	Restauration du mur de face du Palais de Justice, sur le Marché aux Fleurs..	13,357 86	13,357 86	» »	» »	13,357 86	13,357 86	» »	» »
5	Construction de la partie du Palais entre la tour de l'Horloge et la tour de César, sur le quai de l'Horloge...	» »	» »	» »	» »	» »	8,38o 97	» »	8,38o 97
6	Restauration de la grande grille du Palais, sur la cour du Mai...........	12,521 63	» »	» »	12,521 63	12,521 63	12,521 63	» »	» »
	Total du §. 2.........	34,924 34	22,4o2 71	» »	12,521 63	34,924 34	127,197 58	» »	92,273 24
	§. 3.								
	Travaux de restauration générale et d'agrandissement des prisons départementales :								
1	Travaux d'appropriation et d'agrandissement de la maison de justice ou Conciergerie...................	129,120 26	129,120 26	» »	» »	129,120 26	68,000 00	61,120 26	» »
2	Travaux d'agrandissement de la prison des Madelonnettes pour sa destination de maison-hospice de femmes.....	2,o66 64	2,o66 64	» »	» »	2,o66 64	5o,000 00	» »	47,933 36
3	Construction d'une nouvelle maison de correction des femmes :								
	1° Travaux de construction de cette prison....................	44,o62 36	44,o62 36	» »	» »	62,437 36	104,138 05	» »	41,7oo 69
	2° Acquisition : intérêts du prix du terrain acquis pour l'emplacement de cette prison.......	18,375 00	18,375 00	» »	» »				
	A reporter.....	193,624 26	193,624 26	» »	» »	193,624 26	222,138 05	61,120 26	89,634 05

ARTICLES DU BUDGET.	NATURE DES DÉPENSES.	MONTANT des DÉPENSES. effectuées.	MANDATS de paiement délivrés par le préfet.	RESTES A PAYER SUR LES DÉPENSES mandatées et non acquittées.	RESTES A PAYER non mandatées par le préfet.	TOTAL ÉGAL au montant des DÉPENSES.	SOMMES allouées pour ces dépenses AUX BUDGETS.	EXCÉDANS DES DÉPENSES sur les sommes allouées aux budgets.	EXCÉDANS DES SOMMES allouées sur les DÉPENSES
	Report.....	193,624 26	193,624 26	» »	» »	193,624 26	222,138 05	61,120 26	89,634 0
4	Construction d'une maison pour la correction paternelle des jeunes garçons.	*Néant.*	» »	» »	» »	» »	25,000 00	» »	25,000 0
5	Prison de Saint-Lazare :								
	1°. Travaux de restauration et d'agrandissement de cette prison, destinée à la répression des femmes..	96,363 39	92,570 00	» »	3,793 39	108,407 61	111,735 15	» »	3,327 5
	2°. Achèvement du magasin de literie et d'un bûcher.............	12,044 22	11,065 15	» »	979 07				
	3°. Travaux de terrasse exécutés en 1825...................	1,986 67	1,986 67	» »	» »	1,986 67	1,986 67	» »	»
6	Dépôt d'arrêt près la Préfecture de police :								
	1°. Travaux de construction de ce dépôt...................	111,482 68	111,482 68	» »	» »	111,495 63	40,500 00	70,995 63	»
	2°. Frais relatifs aux acquisitions faites pour l'emplacement de ce dépôt...................	12 95	12 95	» »	» »				
7	Prison de Sainte-Pélagie :								
	1°. Travaux de restauration de cette prison, et appropriation des bâtimens pour leur nouvelle destination de maison de correction des hommes...................	54,542 19	41,667 96	230 70	12,643 53	55,042 19	41,613 25	13,428 94	»
	2°. Traitement de l'inspecteur général des grands travaux des prisons.	500 00	500 00	» »	» »				
8	Appropriation d'une maison acquise pour y établir la nouvelle prison de la Dette...................	1,561 35	1,561 35	» »	» »	1,561 35	40,000 00	» »	38,438 6
9	Prisons des deux Forces, pour la Prévention hommes :								
	1°. Restauration générale des bâtimens...................	» »	» »	» »	» »	» »	18,597 50	» »	18,597 5
	2°. Solde de travaux faits en 1825 pour la pose de 7 bornes-fontaines, et pavage à neuf des cours...................	1,885 84	1,885 84	» »	» »	1,885 84	1,885 84	» »	» »
10	Fonds de réserve pour dépenses diverses des prisons.								
	Conservation des matériaux approvisionnés pour la construction projetée des grands ateliers de Bicêtre......	540 00	540 00	» »	» »	540 00	33,274 02	» »	32,734 02
	TOTAL du §. 3...........	474,543 55	456,896 86	230 70	17,415 99	474,543 55	536,730 48	145,544 83	207,731 70
	Report du §. 1er........	8,790 00	8,790 00	» »	» »	8,790 00	8,790 00	» »	» »
	Report du §. 2..........	34,924 34	22,402 71	» »	12,521 63	34,924 34	127,197 58	» »	92,273 24
	TOTAL GÉNÉRAL de la Section V...	518,257 89	488,089 57	230 70	29,937 62	518,257 89	672,718 06	145,544 83 (a)	300,005 00
								154,460 17	

(a) Ces excédans de dépenses sont imputables, d'après les autorisations ministérielles des 21 septembre 1827 et 1er. août 1828, sur les excédans de crédit des autres prisons.

ARTICLES DU BUDGET.	NATURE DES DÉPENSES.	MONTANT des DÉPENSES effectuées.	MANDATS de paiement délivrés par le préfet.	RESTES A PAYER SUR LES DÉPENSES mandatées et non acquittées.	non mandatées par le préfet.	TOTAL ÉGAL au montant des DÉPENSES.	SOMMES allouées pour ces dépenses AUX BUDGETS.	EXCÉDANS DES DÉPENSES sur les sommes allouées aux budgets.	SOMMES allouées sur les DÉPENSES.
	SECTION VI.								
	DÉPENSES DIVERSES.								
1	Indemnité aux cinq conseillers de préfecture.	14,025 00	14,025 00	» »	» »	14,025 00	15,000 00	» »	975 00
2	Instruction primaire dans les communes rurales :								
	1°. Frais des comités chargés de la surveillance des écoles.	» »	» »	» »	» »	1,900 00	3,300 00	» »	(a) 1,400 00
	2°. Encouragement aux instituteurs.	1,900 00	1,900 00	» »	» »				
3	Encouragement pour la propagation de la vaccine.	1,499 25	1,499 25	» »	» »	1,499 25	1,500 00	» »	00 75
4	Frais d'impression de 2 volumes de la Statistique du département.	4,000 00	4,000 00	» »	» »	4,000 00	4,000 00	» »	» »
	TOTAL de la Sect. 6.	21,424 25	21,424 25	» »	» »	21,424 25	23,800 00	» »	2,375 75

RÉCAPITULATION.

ARTICLES DU BUDGET.	NATURE DES DÉPENSES.	MONTANT des DÉPENSES effectuées.	MANDATS de paiement délivrés par le préfet.	RESTES A PAYER SUR LES DÉPENSES mandatées et non acquittées.	non mandatées par le préfet.	TOTAL ÉGAL au montant des DÉPENSES.	SOMMES allouées pour ces dépenses AUX BUDGETS.	EXCÉDANS DES DÉPENSES sur les sommes allouées aux budgets.	SOMMES allouées sur les DÉPENSES.
	Sect. 1. Secours.	10,993 50	10,993 50	» »	» »	10,993 50	11,000 00	» »	6 50
	— 2. Dépenses relatives au clergé.	105,253 73	92,532 03	» »	12,721 70	105,253 73	118,519 20	» »	13,265 47
	— 3. Acquisitions foncières.	35,151 85	35,151 85	» »	» »	35,151 85	36,210 00	» »	1,058 15
	— 4. Travaux extraordinaires aux routes départementales.	129,514 57	129,294 79	» »	219 78	129,514 57	134,042 59	» »	4,528 02
	— 5. Grands travaux aux édifices départementaux.	518,257 89	488,089 57	230 70	29,937 62	518,257 89	672,718 06	» »	154,460 17
	— 6. Dépenses diverses.	21,424 25	21,424 25	» »	» »	21,424 25	23,800 00	» »	2,375 75
	TOTAUX GÉNÉRAUX.	820,595 79	777,485 99	230 70	42,879 10	820,595 79	996,289 85	» »	175,694 06

(a) Les comités chargés de la surveillance des écoles n'ont été formés qu'en 1828.

Balance.

Les Recettes portées en tête du présent compte et dont on doit justifier, sont de. 996,289 85

Le Total général des Dépenses comprises dans la Récapitulation, à la colonne des Dépenses effectuées, de. 820,595 79

Sur ce Total il reste à payer pour mandats expédiés et non présentés au Payeur.. . . . . 230 70

Idem à payer ultérieurement sur les Budgets des exercices suivans pour Dépenses faites et non encore mandatées. . . . 42,879 10   43,109 80

RESTE EN DÉPENSES ACQUITTÉES. 777,485 99   777,485 99

Partant, les Ordonnances du Ministre qui composent la Recette présentent, au 30 novembre 1828, un reste non employé qui a dû être annulé par le Trésor, et qui devra former le Budget de report de l'exercice 1827 sur 1829 . . . . 218,803 86

Certifié le présent Compte, en ce qui concerne les paiemens effectués, montant à sept cent soixante-dix-sept mille quatre cent quatre-vingt-cinq francs, quatre-vingt-dix-neuf centimes.

Certifié véritable par le Conseiller d'État, Préfet de la Seine,

A Paris, le 30 janvier 1829.

Signé CHABROL.

Paris, le 8 février 1829.

Le Payeur du département de la Seine,
Signé SCITIVAUX.

Le présent Compte n'étant clos, d'après les Réglemens, qu'au 1er. décembre 1828, ne peut être présenté au Conseil général du Département que pendant la Session de ce conseil, en 1829.

Département de la Seine.

Budgets

Pour l'Exercice 1829.

Budget

DES

Dépenses Départementales Fixes,

Et de celles qui sont communes à plusieurs départemens,

IMPUTABLES

Sur les Centimes Additionnels centralisés au Trésor Royal

pour le paiement de ces Dépenses.

——————

Exercice 1829.

——————

ARTICLES DU BUDGET.	NATURE DES DÉPENSES.	SOMMES accordées (*) PAR LE MINISTRE.	MOTIFS DES DÉCISIONS DU MINISTRE.
			(*) Ces sommes sont allouées sans le concours du conseil général, la loi laissant les centimes centralisés à la disposition du Ministre de l'Intérieur.
	# DÉPENSES.		
	CHAPITRE PREMIER.		
	TRAITEMENS ADMINISTRATIFS.		
1	Traitement du Préfet..............................	80,000 00	Traitement fixé par Ordonnance royale du 15 mai 1822.
2	Traitement du Secrétaire général de la Préfecture.........	6,000 00	
3	Traitemens { du Sous-Préfet de l'arrond. de Saint-Denis.... / du Sous-Préfet de l'arrond. de Sceaux........	6,000 00	Mêmes sommes qu'en 1828.
4	Traitemens des cinq Conseillers de Préfecture..............	15,000 00	
	Total du Chapitre 1er......	107,000 00	
	CHAPITRE II.		
	FRAIS D'ADMINISTRATION PAR ABONNEMENT.		
1	Frais d'administration de la Préfecture....................	204,250 00	Crédit accordé conformément à la nouvelle fixation arrêtée par Ordonnance royale du 25 janvier 1829.
2	Frais d'admon. des Sous-Préfectures { de St.-Denis... 13,600 / de Sceaux..... 13,600	27,200 00	Comme en 1828.
	Total du Chapitre II......	231,450 00	
	CHAPITRE III.		
	MAISON CENTRALE DE DÉTENTION.		
	Sect. 1re. — Dépenses ordinaires et annuelles de cette maison.	*Néant.*	
	Sect. 2e. — Dépenses extraordinaires de cette maison......	*Néant.*	
	Sect. 3e. — Indemnité au Département en raison des condamnés à un an et plus d'emprisonnement, non admis, faute de place, dans la Maison Centrale de détention, et qui restent, par cette raison, dans les prisons du département de la Seine...............................	73,992 00	Accordé, sauf à compter d'après un prix de journée, qui reste fixé à 56 c. par condamné.
	Total du Chapitre 3......	73,992 00	

ARTICLES DU BUDGET.	NATURE DES DÉPENSES.	SOMMES accordées PAR LE MINISTRE.	MOTIFS DES DÉCISIONS DU MINISTRE.
	CHAPITRE IV.		
	CONSTRUCTIONS ET GROSSES RÉPARATIONS		
	AUX BATIMENS DES COURS ROYALES.		
1	Solde des travaux exécutés en 1827 au Palais de Justice, dans les localités occupées par la Cour Royale.................	8,776 00	Le paiement de cette somme sur les fonds de 1829, a été autorisé par décision royale du 31 décembre 1828.
2	Contingent des centimes centralisés dans les frais de relevé à neuf d'un quinzième des couvertures du Palais de Justice..	650 00	Accordé.
3	Contingent dans l'indemnité de l'architecte inspecteur général des bâtimens du Palais de Justice......................	80 00	Accordé.
	Total du Chapitre 4......	9,506 00	
	CHAPITRE V.		
	ENTRETIEN D'ÉTABLISSEMENS THERMAUX.		
	Néant.	» »	

RÉCAPITULATION.

CHAP. 1. Traitemens administratifs.....................	107,000 00	
— 2. Frais d'administration par abonnement..........	231,450 00	
— 3. Maison Centrale de détention..................	73,992 00	
— 4. Constructions et réparations à la Cour Royale.....	9,506 00	
— 5. Établissemens thermaux......................	» »	
Total Général des Dépenses........	421,948 00	

Le Ministre Secrétaire d'État de l'Intérieur,

« Vu la loi du 17 août 1818, approuve, jusqu'à concurrence de quatre cent vingt-un mille » neuf cent quarante-huit francs, les Dépenses comprises au présent Budget, et alloue pareille » somme sur les centimes centralisés de l'année courante. »

Paris, le 2 avril 1829.

Signé DE MARTIGNAC.

Budget

DES

Dépenses Variables,

IMPUTABLES

Sur les centimes additionnels ordinaires laissés à la disposition de chaque département ; sur la somme accordée dans la répartition du fonds commun de secours, et sur les ressources éventuelles appartenant au Département.

Exercice 1829.

ARTICLES DU BUDGET.	NATURE DES DÉPENSES.	SOMMES votées PAR LE CONSEIL.	DÉCISIONS DU MINISTRE.
	# DÉPENSES.		
	CHAPITRE PREMIER.		
	HOTEL DE LA PRÉFECTURE.		
1	1°. Loyers de l'Hôtel de la Préfecture, ou des bâtimens occupés par les bureaux, lorsque ces édifices ne sont pas des propriétés départementales	12,000 00	Alloué comme en 1828.
	2°. Contributions directes à acquitter par le Département, à raison de ces loyers	» »	
	3°. Réparations locatives de ces mêmes bâtimens	» »	
2	Frais de chauffage et d'éclairage du corps-de-garde de la Préfecture	1,600 00	*Idem.*
3	Entretien ordinaire du mobilier de la Préfecture	» »	
4	Achats nouveaux pour complément du mobilier de la Préfecture	» »	
	Total du Chapitre premier	13,600 00	
	CHAPITRE II (*a*).		
	DÉPENSES DES PRISONS DÉPARTEMENTALES		
	(MAISONS D'ARRÊT, DE JUSTICE OU DE CORRECTION).		
	Administration.		
1	1°. Indemnités aux aumôniers; traitement des officiers de santé, concierges; salaires des guichetiers (sujets à la retenue de deux pour cent pour les pensions de retraite)	251,950 00	Alloué 7,220 fr. de plus qu'en 1828.—Le Préfet adressera une proposition au sujet de la création: 1°. d'une nouvelle place d'inspecteur général; 2°. d'une direction à Sainte-Pélagie.
	2°. *Idem* (non sujets à la retenue)	31,403 00	
2	1°. Nourriture, entretien de tous les détenus sans distinction, et autres dépenses y relatives. .... 398,266 00 A déduire : l'indemnité à laquelle aura droit le Département sur les centimes centralisés, pour frais de séjour des condamnés à un an et plus de détention dans les prisons départementales. 92,000 00		
	Reste à allouer au présent Budget 306,266 00	306,266 00	Approuvé.
	A reporter	589,619 00	

(*a*) Ordonnancé par M. le Préfet de Police.

ARTICLES DU BUDGET.	NATURE DES DÉPENSES.	SOMMES votées PAR LE CONSEIL.	DÉCISIONS DU MINISTRE.
	Report......	589,619 00	
	2º. Chauffage et éclairage, entretien et renouvellement du mobilier, du linge ou d'objets de service, médicamens et antres menues dépenses du régime intérieur..............	136,000 00	Approuvé.—Aucune gratification ne pourra être payée à des employés qu'en vertu d'une autorisation ministérielle.
	Bâtimens.		
3	Loyers, entretien, ou simples réparations locatives des bâtimens ; savoir : Loyers divers.................. 1,865 00 Réparations locatives........... 23,000 00	24,865 00	Approuvé.
	Objets divers.		
4	1º. Frais de translation des prisonnniers d'une prison à une autre, ou d'une prison départementale à la maison centrale de détention, après condamnation.................	10,000 00	Approuvé.
	2º. Fers pour les condamnés............................	250 00	Approuvé.
	3º. Frais d'inhumation des décédés......................	1,500 00	Approuvé.
	4º. Frais de chauffage et d'éclairage des corps-de-garde établis près des prisons.....................................	6,000 00	Approuvé.
	TOTAL du Chapitre II......	768,234 00	

CHAPITRE III (*a*).

DÉPOT, SECOURS, ET ATELIERS POUR REMÉDIER A LA MENDICITÉ.

§ Ier.

1	*Dépôt de mendicité à Villers-Coterêts.*		
	(*Dépenses ordinaires, calculées à raison d'environ sept cents mendians.*)		
	1º. Traitemens, gages et salaires, loyers et menues dépenses d'administration..	21,900 00	Approuvé.
	2º. Nourriture et dépenses relatives......................	60,000 00	Approuvé.—Aucune gratification ne pourra être payée à des employés qu'en vertu d'une autorisation du Ministre.
	3º. Entretien du mobilier, du linge ; chauffage, éclairage, médicamens, et autres menues dépenses du régime intérieur du Dépôt, etc......................................	39,000 00	Approuvé.
	4º. Entretien ou simples réparations annuelles des bâtimens...	6,100 00	Approuvé.
	5º. Entretien et renouvellement des métiers................	» »	

§ II.

2	*Secours effectifs en alimens dans le cas d'extrême misère ou disette locale.* (Voir le Budget de la ville de Paris).,	» »	
3	*Ateliers de charité, afin d'occuper la classe indigente...*	» »	
	(Voir le Budget des dépenses extraordinaires, sect. 1re., art 1er.)		
	TOTAL du Chapitre III......	127,000 00	

(*a*) Ordonnancé par M. le Préfet de Police.

ARTICLES DU BUDGET.	NATURE DES DÉPENSES.	SOMMES votées PAR LE CONSEIL.	DÉCISIONS DU MINISTRE.
	CHAPITRE IV.		
	FRAIS ORDINAIRES DU CASERNEMENT DE LA GENDARMERIE DÉPARTEMENTALE.		
1	Loyer et contributions des casernes qui n'appartiennent pas au Département	25,000 00	Accordé 1,000 fr. de plus qu'en 1828.
2	Indemnités aux gendarmes non casernés	» »	
3	Entretien simple ou frais d'appropriation des bâtimens	10,000 00	Accordé, comme en 1828.
4	Loyer, entretien ou renouvellement des lits ou d'autres objets du service intérieur	1,200 00	Accordé.
5	Indemnités de literie aux gendarmes extraits de la ligne	» »	
6	Portion de traitement d'un officier de santé attaché aux compagnies de la gendarmerie du Département	1,200 00	Accordé.
	Total du Chapitre IV	37,400 00	
	CHAPITRE V.		
	DÉPENSES VARIABLES DES COURS ET TRIBUNAUX.		
1	1°. Loyers des bâtimens qui n'appartiennent pas au Département	» »	
	2°. Contributions foncières	566 00	Accordé, comme en 1828.
2	Réparations locatives des bâtimens :		
	1°. Palais de Justice	30,000 00	Accordé, comme en 1828.
	2°. Tribunal de Commerce, au Palais de la Bourse	3,500 00	Accordé. — Dépense nouvelle.
3	Frais d'entretien du mobilier des cours et tribunaux	6,000 00	Accordé comme en 1828. — Le Préfet joindra aux mandats de paiement les pièces justificatives de l'emploi de cette somme.
4	1°. Amélioration ou complément de mobilier pour la Cour Royale	» »	
	2°. Id. pour le Tribunal de Première Instance	» »	
	3°. Id. pour celui d		
	4°. Id. pour le Tribunal de Commerce	» »	
5	Menues dépenses et frais de Parquet des cours et tribunaux	66,300 00	Il sera ultérieurement statué sur la fixation définitive du crédit applicable aux dépenses de l'art. 5.
6	Menus frais de Parquet des Justices de Paix	» »	
7	Frais de surveillance, de garde, et éclairage des cours et escaliers du Palais de Justice et du Tribunal de Commerce	15,940 00	740 fr. de plus qu'en 1828.
	Total du Chapitre V	122,306 00	

ARTICLES DU BUDGET.	NATURE DES DÉPENSES.	SOMMES votées PAR LE CONSEIL.	DÉCISIONS DU MINISTRE.
	CHAPITRE VI.		
	TRAVAUX DE BATIMENS.		
1	Entretien et réparations annuelles des Hôtels des Sous-Préfectures, de l'arrondissement de Saint Denis.......... 500 00 — *Idem* de Sceaux.............. 500 00	1,000 00	Même somme qu'en 1828.
2	Travaux d'entretien et réparations foncières des bâtimens du Dépôt de Mendicité....................................	6,000 00	1,000 fr. de plus qu'en 1828.
3	Travaux d'entretien et réparations foncières des bâtimens des prisons départementales..................... 45,200 00 — Traitement des architectes et inspecteurs des bâtimens.................................... 9,800 00	55,000 00	Comme en 1828.
4	1°. Loyer de la maison des Dames de Saint-Michel pour la détention des jeunes filles par voie de correction paternelle.	3,000 00	Comme en 1828.
	2°. Loyer de la maison d'arrêt de Saint-Cloud...............	700 00	Comme en 1828.
	3°. Loyer des bâtimens du Dépôt de Mendicité de Villers-Cotterêts..	5,000 00	Approuvé.
5	1°. Frais de direction des travaux d'architecture dans le département de la Seine......................... 15,300 00 — 2°. Subvention du Département dans les frais de bureau de la Direction des travaux de Paris..... 7,000 00	22,300 00	Comme en 1828.
6	A valoir sur les dépenses de construction de la nouvelle maison de Force pour les criminels (hommes)..................	350,000 00	Cette somme devra être employée conformément aux projets ou devis à approuver par le Ministre. Une ordonnance royale devra préalablement intervenir au sujet de la cession de la prison de Bicêtre à l'Administration des hospices, et de la cession de la part de cette Administration au Département, d'un terrain en dehors de la barrière d'Enfer, ou de l'acquisition, au nom du Département, d'un terrain sur lequel on élèverait la nouvelle construction.
	TOTAL du Chapitre VI.......	443,000 00	
	CHAPITRE VII.		
	TRAVAUX DES ROUTES DÉPARTEMENTALES.		
1	1°. Entretien ordinaire des routes formant le 1er. lot.....	21,500 00	Approuvé.
	2°. id. id. 2e. lot.....	23,850 00	*Idem.*
	3°. id. id. 3e. lot.....	28,490 00	*Idem.* — Le préfet se conformera, quant aux travaux d'art ou aux travaux neufs, à l'article 2 de l'ordonnance royale du 8 août 1821.
	4°. id. id. 4e. lot.....	17,870 00	*Idem.*
	5°. id. id. 5e. lot.....	24,950 00	*Idem.*
	6°. Honoraires des ingénieurs et conducteurs chargés de la direction et de la surveillance des travaux d'entretien des routes..	2,660 00	Accordé. — Cette dépense devant être acquittée conformément aux dispositions de la circulaire du 12 juillet 1817, le vote n'est approuvé que jusqu'à concurrence de ce qui reviendra aux ingénieurs. Ce qui resterait sur le crédit accroîtrait le fonds des travaux.
	A reporter.......	119,320 00	

ARTICLES DU BUDGET.	NATURE DES DÉPENSES.	SOMMES votées PAR LE CONSEIL.	DÉCISIONS DU MINISTRE.
	Report......	119,320 00	
	7°. Traitement fixe de quatre conducteurs chargés de la sur-veillance desdits travaux............................	6,000 00	Accordé. — Le Préfet ne pourra faire payer le traitement des conducteurs que selon le nombre reconnu nécessaire par l'Administration des Ponts et Chaussées, et le montant des traitemens approuvés.
2	Entretien et réparations des ponts à bascule établis sur les routes départementales............................	5,600 00	2,000 fr. de plus qu'en 1828.
3	Salaires de vingt cantonniers à établir sur les routes départe-mentales................................	14,400 00	Approuvé.
4	Frais de levée de plans, impressions et autres dépenses acci-dentelles imprévues pour le service des routes..........	3,500 00	Le compte de fin d'exercice justifiera de l'emploi de cette somme par détail.
	TOTAL du Chapitre VII......	148,820 00	

CHAPITRE VIII.

DÉPENSES ORDINAIRES DES ENFANS-TROUVÉS ET ABANDONNÉS.

ARTICLES DU BUDGET.	NATURE DES DÉPENSES.	SOMMES votées PAR LE CONSEIL.	DÉCISIONS DU MINISTRE.
Unique.	Portion contributive du Département dans les dépenses de l'éta-blissement des Enfans abandonnés, évaluées pour 16,210 enfans à 1,639,300 fr. 00 c. , ci................ 400,000 00 Somme allouée au présent Budget.............. 164,440 18 Restant de la contribution allouée au Budget facultatif............................. 235,559 82	164,440 18	Approuvé.

CHAPITRE IX.

ENCOURAGEMENS ET SECOURS.

ARTICLES DU BUDGET.	NATURE DES DÉPENSES.	SOMMES votées PAR LE CONSEIL.	DÉCISIONS DU MINISTRE.
1	Pépinières départementales............................	» »	
2	Secours à d'anciens employés de la Préfecture..............	959 00	Accordé 709 fr.— Le complément de 250 fr. ne pourra être employé qu'en vertu d'une autorisation du Ministre.
3	Société d'agriculture et encouragemens à l'agriculture ou à l'industrie , savoir : Société d'agriculture......... 4,000 00 *Id.* de médecine........ 300 00	4,300 00	Comme en 1828.
4	Artistes vétérinaires............................	800 00	Comme en 1828.
	A reporter......	6,059 00	

ARTICLES DU BUDGET.	NATURE DES DÉPENSES.	SOMMES votées PAR LE CONSEIL.	DÉCISIONS DU MINISTRE.
	Report.....	6,059 00	
5	Indemnité pour la propagation ou la conservation de la vaccine. (*Voir* l'allocation portée pour cet objet au Budget facultatif)..	» »	
6	Primes d'encouragement pour les chevaux, les taureaux, et frais de course de chevaux........................	9,200 00	Comme en 1828.
7	Pensions d'élèves sage-femmes admises à suivre les cours d'accouchemens à l'Hôpital de la Maternité.............	4,216 00	Approuvé.—Le Préfet rendra compte de l'emploi de cette somme.
8	Secours pour réparations d'églises communales, etc. (*Voir* l'allocation portée pour cet objet au Budget facultatif)....	» »	
9	Supplément de rations de vivres aux détenus pour dettes, reconnus dans l'indigence (a)........................	4,000 00	Le Préfet rendra compte de l'emploi de cette allocation.
	TOTAL du Chapitre IX.....	23,475 00	

CHAPITRE X.

DETTE DÉPARTEMENTALE,

OU COMPLÉMENT DES DÉPENSES APPARTENANT AUX EXERCICES 1826 ET ANTÉRIEURS.

ARTICLES DU BUDGET.	NATURE DES DÉPENSES.	SOMMES votées PAR LE CONSEIL.	DÉCISIONS DU MINISTRE.
1	Arriéré de 1822. Frais de teinture de drap pour le Dépôt de Mendicité................................	115 95	Approuvé.
2	—— de 1823. Fournitures de bois à la maison de répression de Saint-Denis, et travaux de menuiserie à la Petite-Force et à Saint-Lazare.................	861 05	Approuvé.
3	—— de 1824. *Idem* à la même prison et frais de teinture de drap pour le Dépôt de Mendicité..............	1,748 66	Approuvé.
4	—— de 1825. Semblables frais et fournitures de cierges pour la chapelle de la prison de Bicêtre..........	262 53	Approuvé.
5	—— de 1826. Fournitures d'alimens à des reclus envoyés au Dépôt de Mendicité; confections de doubles clefs pour les divers bâtimens de Saint-Lazare........	249 77	Approuvé.
6	—— de 1827. Complément des dépenses d'entretien des bâtimens des casernes de gendarmerie............	1,000 00	Approuvé, sauf réglement du compte variable de 1827.
7	Néant.		
8	Solde des prix d'achats d'objets mobiliers cédés en 1817 par la Ville de Paris aux prisons...... 152,634 09 Crédits alloués au Budget de 1817 à 1828, ci. 147,634 09 Restant dû...... 5,000 00	5,000 00	Approuvé, conformément à la décision du 15 juillet 1828.
	A reporter......	9,237 96	

(a) Ordonnancé par M. le Préfet de Police.

ARTICLES DU BUDGET.	NATURE DES DÉPENSES.	SOMMES votées PAR LE CONSEIL.	DÉCISIONS DU MINISTRE.
	Report.....	9,237 96	
9	Arriéré de 1828. Complément du crédit de 400,000 fr. alloué en 1828 aux Enfans abandonnés..................	72,002 70	Approuvé, conformément à la lettre écrite au Préfet le 27 juin 1828.
	Frais de révision des listes d'électeurs et frais d'assemblée du Collége électoral pour l'élection de six députés au mois d'avril 1828.....................	38,414 55	Les frais dont il s'agit ont été réglés par décision des 3 et 19 septembre 1828 à 37,414 fr. 55 cent. qui sont alloués; il s'en suit que la somme votée par le conseil général présente un excédant de 1,000 fr. dont le montant sera mis en réserve au chapitre XI, pour recevoir ultérieurement son affectation.
10	Arriéré des routes. Indemnité de terrains acquis en 1813 pour la route n°. 64........................... 1,350 00		Approuvé; cette somme aurait dû être versée dans le temps à la caisse des dépôts et consignations.
	Solde des frais d'élagages des arbres plantés sur les routes en 1820 et 1821............ 713 84	2,063 84	Approuvé.
	TOTAL du Chapitre X......	121,719 05	

CHAPITRE XI.

FONDS RÉSERVÉS POUR DÉPENSES IMPRÉVUES.

§. 1er.

Dépenses diverses.

			Une somme de 1,000 fr. qui a été retranchée sur l'un des votes du chapitre X est mise en réserve ici pour que le conseil général, à sa prochaine session, en vote l'emploi.
	1°. Supplément de traitement du Secrétaire général de la Préfecture..	6,000 00	Comme en 1828 et années antérieures.
	2°. Supplément *id.* des Sous-Préfets de Sceaux et de Saint-Denis..	6,000 00	Approuvé. — Cette somme ne pourra recevoir sa destination qu'en vertu d'une autorisation qui sera donnée par ordonnance royale.
	3°. *id.* des cinq Conseillers de Préfecture......	15,000 00	Approuvé.
	4°. Moitié des frais de bureau des Ponts et Chaussées du Département...................................	10,000 00	*Idem.*
	5°. Indemnité au receveur-général, pour la comptabilité des fonds spéciaux......................................	500 00	*Idem.*
	6°. Dépenses de la Morgue et inhumation des corps y déposés..	2,500 00	*Idem.*
	7°. Frais relatifs au recrutement des jeunes soldats..........	1,200 00	*Idem.*
	8°. Frais de révision et d'affiches des listes des électeurs et jurés....................................	45,000 00	Les frais d'impression des listes électorales et du jury ne seront soldées qu'après réglement ministériel.
	9°. Frais d'impression des Budgets et comptes du Département, conformément à l'art. 6 de la loi du 17 août 1828.........	2,200 00	Réuni au fonds de réserve ci-dessous.

§ II.

Fonds de réserve pour dépenses accidentelles imprévues. — 22,000 00

Le Préfet ne pourra imputer sur ce crédit qui est augmenté des 2,200 fr. ci-dessus, sans autorisations préalables, que les dépenses déjà autorisées par décisions spéciales ou par l'instruction du 4 août 1828.

| | TOTAL du Chapitre X....... | 110,400 00 | |

ARTICLES DU BUDGET.	NATURE DES DÉPENSES.	SOMMES votées PAR LE CONSEIL.	DÉCISIONS DU MINISTRE.
	RÉCAPITULATION DES DÉPENSES.		
Chap.	1er. Hôtel de la Préfecture.........	13,600 00	
—	2e. Prisons départementales........	768,234 00	
—	3e. Mendicité...................	127,000 00	
—	4e. Casernement de la Gendarmerie.	37,400 00	
—	5e. Cours et Tribunaux...........	122,306 00	
—	6e. Bâtimens....................	443,000 00	
—	7e. Routes départementales........	148,820 00	
—	8e. Enfans trouvés et abandonnés...	164,440 18	
—	9e. Encouragemens et Secours......	23,475 00	
—	10e. Complément des Dépenses de l'Exercice 1826 et antérieurs..	121,719 05	
—	11e. Fonds de réserve pour les Dépenses imprévues...........	110,400 00	
	TOTAL GÉNÉRAL.......	2,080,394 23	

ARTICLES DU BUDGET.	NATURE DES RECETTES.	SOMMES votées PAR LE CONSEIL.	DÉCISIONS DU MINISTRE.
	RECETTES.		
	FONDS A AFFECTER AU PAIEMENT DES DÉPENSES.		
	Produit des sept centimes et demi additionnels ordinaires......	828,444 23	
	Ressources éventuelles.		
	Produit d'expéditions d'actes de la Préfecture ou d'anciennes pièces déposées aux Archives.........................	250 00	
	Revenus particuliers des prisons départementales	50,000 00	
	Produits d'arbres abattus ou élagués sur les routes départementales........,...............................	100 00	
	Loyers ou fermage des maisons, terrains ou locaux appartenant au Département..................................	16,000 00	
	Vente de bâtimens, de matériaux, de démolitions, d'effets mobiliers ou autres objets provenant d'un établissement public départemental, SAVOIR :		
	Vente de pierres de l'atelier de Bicêtre et objets divers..	12,000 00	
	A compte sur le prix de Bicêtre cédé aux Hôpitaux......	350,000 00	
	Revenus particuliers du Dépôt de Mendicité................	3,600 00	
	TOTAL général des Recettes......	1,260,394 23	
	REPORT du total général des Dépenses......	2,080,394 23	
	EXCÉDANT égal à la somme accordée par le Ministre sur le fonds commun des 5 centimes......	820,000 00	

20

Le Conseil-Général du Département arrête le présent Budget, en dépense, à la somme de deux millions quatre-vingt mille trois cent quatre-vingt-quatorze francs vingt-trois centimes, et en recette à pareille somme.

Signé au registre des délibérations du Conseil, en séance du 20 septembre 1828.

LEBEAU, *président;* BRETON, *secrétaire;* D'ALIGRE, AUDENET, BONNET, DE BOURGEON, DE CHATEAUGIRON, CRETTÉ DE PALLUEL, DUCHANOY, LEROY, DE LÉVIS-MIREPOIX, baron DE NANTEUIL, OUTREQUIN, QUATREMÈRE DE QUINCY, baron DE TOUROLLE, TRUDON, et VIAL.

« Approuvé, conformément au résultat qui précède, les dépenses votées par le Conseil-Gé-
» néral du Département au présent Budget, sauf à se conformer aux observations et restrictions
» mises en regard, et sauf à laisser en réserve, pour recevoir une autre destination, la somme
» de mille francs provenant d'une réduction faite sur l'un des votes du chapitre X. »

Paris, le 26 décembre 1828.

LE MINISTRE SECRÉTAIRE D'ÉTAT DE L'INTÉRIEUR,

Signé, DE MARTIGNAC.

Budget

DES

 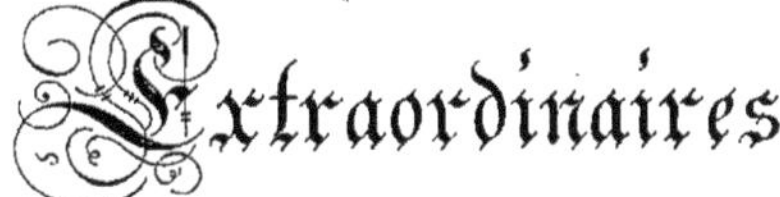

Dépenses Extraordinaires

D'UTILITÉ DÉPARTEMENTALE,

IMPUTABLES

Sur les 5 centimes facultatifs votés par le Conseil Général, en vertu de la loi des finances de 1829.

~~~~~~~~~~~~~~~~~~~~~~~~~~~~~~~~~~~

Exercice 1829.

~~~~~~~~~~~~~~~~~~~~~~~~~~~~~~~~~~~

ARTICLES DU BUDGET.	NATURE DES DÉPENSES.	SOMMES votées PAR LE CONSEIL.	DÉCISIONS DU MINISTRE.

DÉPENSES.

SECTION PREMIÈRE.

SECOURS.

1	Fonds de réserve pour ateliers de charité afin d'occuper la classe indigente dans les communes rurales, pendant le temps d'hiver..	(a) 3,000 00	(a) Crédit accordé pour être exclusivement employé en travaux de charité, à l'effet de donner de l'occupation à la classe indigente dans les localités où elle en manquerait.
2	Secours aux maisons de refuge des jeunes prisonniers 6,000 00 et du Bon-Pasteur........... 4,000 00	(b) 10,000 00	(b) Alloué ces 10,000 francs.
3	Communauté des dames de la Madelaine : avance d'un fonds de 10,000 fr. destiné à l'agrandissement de la maison où sont renfermées les jeunes filles détenues par voie de correction paternelle ; ladite avance remboursable par la communauté. Ci, pour une première moitié des 10,000 fr........	(c) 5,000 00	(c) L'allocation est ajournée jusqu'à examen particulier de la proposition de cette avance.
4	Contingent du département dans les dépenses des Enfans trouvés ; ce contingent a été fixé, pour 1829, à...... 400,000 00 Alloué au Budget variable............. 164,440 18 Reste à fournir par le présent Budget.... 235,559 82	(d) 235,559 82	(d) Alloué ces 235,559 fr. 82 cent.
	TOTAL de la Section première.........	253,559 82	

SECTION II.

DÉPENSES RELATIVES AU CLERGÉ.

1	Indemnité à M. l'archevêque de Paris.....................	(e) 20,000 00	(e) Alloué pour 1829, comme pour les années précédentes, à titre de subvention temporaire ; toutefois on croit devoir faire remarquer que le taux de cette indemnité n'excédant pas 10,000 fr. dans la presque totalité des autres diocèses, il paraît désirable que le conseil-général tende à rapprocher ses votes subséquens de cette base commune.
2	Premier à-compte sur le capital et les intérêts du prix de l'acquisition faite par M. l'archevêque d'une maison à Conflans..	(f) 14,000 00	(f) Allocation ajournée jusqu'à ce que la question de savoir si l'acquisition peut être autorisée et mise à la charge du département, ait été résolue.
3	Indemnité aux membres du chapitre métropolitain du diocèse de Paris....................................	(g) 31,600 00	(g) Alloué pour 1829, comme pour les années précédentes, à titre de subvention temporaire.
4	Quatrième à-compte sur la contribution de 70,200 fr. votée pour les dépenses de construction des églises de Villejuif et Neuilly................................	(h) 10,400 00	(h) Alloué.
5	Première moitié d'une contribution de 4000 fr. dans l'acquisition et l'établissement d'un presbytère à Rosny...........	(i) 2,000 00	(i) Alloué.
	A reporter.....	78,000 00	

ARTICLES DE BUDGET.	NATURE DES DÉPENSES.	SOMMES votées PAR LE CONSEIL.	DÉCISIONS DU MINISTRE.
	Report	78,000 00	
6	Première moitié d'une contribution de 4,600 fr. dans les dépenses de restauration du clocher de l'église de Nogent-sur-Marne	*(a)* 2,300 00	*(a)* Alloué.
7	Premier cinquième d'une contribution de 20,000 fr., dans les dépenses de restauration du presbytère et de l'agrandissement de l'église de Passy	*(b)* 4,000 00	*(b)* Alloué.
8	Restauration et exécution d'objets d'art, servant à la décoration des églises, dans les communes rurales	*(c)* 6,000 00	*(c)* Le compte de fin d'exercice justifiera de l'emploi de cette somme par détail.
9	Arriéré de 1817 et 1818; solde de travaux de plomberie faits à l'Archevêché à l'époque de l'installation de S. E. le cardinal de Périgord	*(d)* 1,389 00	*(d)* Alloué.
	Total de la Section II	91,689 00	

SECTION III.

ACQUISITIONS DE PROPRIÉTÉS FONCIÈRES.

Néant.

SECTION IV.

TRAVAUX EXTRAORDINAIRES AUX ROUTES DÉPARTEMENTALES.

ARTICLES DE BUDGET.	NATURE DES DÉPENSES.	SOMMES votées PAR LE CONSEIL.	DÉCISIONS DU MINISTRE.
Unique.	Entretien et renouvellement des plantations aux abords des routes départementales .... (Voir au Budget des *dépenses variables*, chapitre 7, les dépenses d'entretien ordinaires des routes, et au Budget des *centimes extraordinaires*, les frais d'amélioration et de perfectionnement de ces routes.)	*(e)* 6,000 00	*(e)* Alloué.
	Total de la Section IV	6,000 00	

SECTION V.

GRANDS TRAVAUX AUX EDIFICES DÉPARTEMENTAUX.

§ 1er.

Sous-Préfectures.

ARTICLES DE BUDGET.	NATURE DES DÉPENSES.	SOMMES votées PAR LE CONSEIL.	DÉCISIONS DU MINISTRE.
1	Reconstruction du mur d'entrée de la maison servant d'Hôtel à la sous-préfecture de Saint-Denis	*(f)* 3,130 00	*(f)* Alloué.
2	Troisième à-compte sur le fonds de 16,800 fr., voté en 1827, pour travaux d'agrandissement de la maison servant d'Hôtel à la sous-préfecture de Sceaux	*(g)* 4,200 00	*(g)* Alloué.
	Total du § 1er	7,330 00	

ARTICLES DU BUDGET.	NATURE DES DÉPENSES.	SOMMES votées PAR LE CONSEIL.	DÉCISIONS DU MINISTRE.
	§ II.		
	Palais de Justice.		
1	Contingent du Département, dans les frais de relevé à neuf d'un quinzième des couvertures du Palais de Justice, évalué à 4,000 fr., dont les 36/100 à la charge du tribunal de première instance ; ci...............	*(a)* 1,500 00	(a) Alloué.
2	Frais d'agrandissement des localités affectées au service du tribunal de première instance ; ci, pour un troisième à-compte.	*(b)* 29,028 39	(b) Le paiement du prix des acquisitions est subordonné à l'approbation de ces acquisitions par ordonnances royales.
3	Solde du contingent du Département, dans les frais de restauration de la grande grille du Palais, sur la cour du Mai ; ci, pour complément des 36/100 des frais...............	*(c)* 7,525 00	Les sommes qui seraient prélevées sur ces 29,028 fr. 39 cent. pour travaux, devront être employées conformément aux projets ou devis approuvés ou à approuver par le ministre.
4	Contingent dans la dépense d'établissement d'une petite grille d'entourage de la grande porte d'honneur de la grille du Palais ; ci, pour 36/100	*(d)* 1,243 00	(cd) L'emploi de ces deux sommes est subordonné à l'approbation, par le ministre, du compte des dépenses.
5	Restauration du grand mur de face du Palais, sur le quai aux Fleurs, établissement du corps de garde, etc. ; ci, pour solde des dépenses...............	*(e)* 6,336 50	(e) Même observation.
6	Ravalement de deux parties du Palais adhérentes au nouveau bâtiment construit sur le quai de l'Horloge, entre la tour de l'Horloge et celle de César...............	*(f)* 11,367 00	(f) Ce crédit devra être employé conformément aux projets ou devis approuvés ou à approuver par le ministre.
7	Ameublement du cabinet et autres locaux du Palais affectés au service du Parquet de M. le procureur-général............	*(g)* 3,500 00	(g) L'emploi du crédit 3,500 fr. est subordonné, conformément à la circulaire du 22 octobre 1825, à l'approbation, par le ministre, des meubles à acheter.
8	Travaux d'agrandissement du local servant de bibliothèque au tribunal de première instance ; ci pour...............	*Mémoire.*	
	TOTAL du § 2...............	60,499 39	
	§ III.		
	Restauration générale des Prisons.		
1	Solde de frais d'établissement de bornes-fontaines pour distribution d'eau dans les prisons des Petite et Grande Force ; ci	*(h)* 1,053 29	(h) Alloué.
2	Agrandissement de la prison de Sainte-Pélagie ; ci pour la continuation des travaux...............	*(i)* 64,534 50	(i) Cette somme devra être employée conformément aux projets ou devis approuvés ou à approuver par le ministre.
	A reporter......	65,587 79	

ARTICLES DU BUDGET.	NATURE DES DÉPENSES.	SOMMES votées PAR LE CONSEIL.	DÉCISIONS DU MINISTRE.
	Report.....	65,587 79	
3	Restauration des bâtimens des deux Forces, et appropriation de ces deux prisons à la Prévention (hommes) ; ci, pour premier à-compte sur les travaux à exécuter............	(a) 28,600 36	(a) Cette somme devra être employée conformément aux projets ou devis approuvés ou à approuver par le ministre.
4	Fonds de réserve pour dépenses éventuelles des prisons, dans le cours de 1829 ; ci pour.........	*Mémoire.*	
	Total du § 3..............	94,188 15	
	Report du § 1er...........	7,330 00	
	Report du § 2..............	60,499 39	
	(Voir le Budget des *centimes extraordinaires* pour les prisons.)		
	Total général de la Section V..........	162,017 54	

SECTION VI.

DÉPENSES DIVERSES.

ARTICLES DU BUDGET.	NATURE DES DÉPENSES.	SOMMES votées PAR LE CONSEIL.	DÉCISIONS DU MINISTRE.
1	Indemnité aux cinq conseillers de Préfecture...............	(b) 15,000 00	(b) Alloué.
2	Instruction primaire dans les communes rurales :		
	1°. Frais des comités cantonnaux....................	(c) 800 00	(cd) Ces deux sommes ne pourront être employées qu'en vertu d'une autorisation du ministre.
	2°. Encouragemens aux instituteurs.................	(d) 2,500 00	
3	Encouragement pour la propagation de la vaccine..........	(e) 6,000 00	(e) Alloué.
4	Continuation de la levée des plans des rues et des chemins vicinaux dans les communes rurales......................	(f) 14,729 79	(f) Alloué.
	Total de la Section VI..........	39,029 79	

ARTICLES DU BUDGET.	NATURE DES DÉPENSES.	SOMMES votées PAR LE CONSEIL.	DÉCISIONS DU MINISTRE.
	RÉCAPITULATION DES DÉPENSES.		
	SECTION 1re. Secours.....................	253,559 82	
	— 2e. Dépenses relatives au Clergé....	91,689 00	
	— 3e. Acquisition de propriétés foncières......................	» »	
	— 4e. Travaux extraordinaires aux routes départementales.........	6,000 00	
	— 5e. Grands travaux aux édifices départementaux..............	162,017 54	
	— 6e. Dépenses diverses.............	39,029 79	
	TOTAL GÉNÉRAL.....	552,296 15	Équivalant au produit des 5 c.

Le Conseil-Général du Département arrête le présent Budget, en dépense, à la somme de cinq cent cinquante-deux mille deux cent quatre-vingt-seize francs quinze centimes, et vote, pour y faire face, l'impôt de cinq centimes, autorisé par la loi des finances du 17 août 1828, additionnellement aux contributions foncière, personnelle et mobilière.

Signé au registre des délibérations, en séance du 20 septembre 1828.

LEBEAU, *président;* BRETON, *secrétaire;* D'ALIGRE, AUDENET, BONNET, DE BOURGEON, DE CHATEAUGIRON, CRETTÉ DE PALLUEL, DUCHANOY, LEROY, DE LÉVIS - MIREPOIX, baron DE NANTEUIL, OUTREQUIN, QUATREMÈRE DE QUINCY, baron DE TOUROLLE, TRUDON et VIAL.

« Le Ministre Secrétaire d'État de l'Intérieur, vu l'art. 5 de la loi du 17 août 1828, et l'or
» donnance du 11 du 19 novembre suivant, art. 2, qui approuve l'imposition de 5 centimes
» facultatifs votée par le Conseil-Général du département pour l'exercice 1829,
  » Alloue les dépenses portées par ce Conseil au présent Budget, sauf à se conformer aux ob
» servations ou restrictions mises en regard. »

Paris, le 8 janvier 1829.

Signé DE MARTIGNAC.

Budget

DES

D'UTILITÉ DÉPARTEMENTALE,

IMPUTABLES

Sur les 4 centimes extraordinaires votés par le Conseil-Général en vertu des lois du 21 juillet 1824 et du 9 mai 1827.

Exercice 1829.

ARTICLES DU BUDGET.	NATURE DES DÉPENSES.	SOMMES votées PAR LE CONSEIL.	DÉCISIONS DU MINISTRE.
	## PREMIÈRE PARTIE. **IMPOT DE DEUX CENTIMES** AFFECTÉ **A LA RESTAURATION GÉNÉRALE DES PRISONS.**		
1	Travaux d'agrandissement de Saint-Lazare : Dépenses de toutes natures évaluées à......... 1,417,396 84 Sommes allouées dans les Budgets des années précédentes, tant sur le fonds de subvention accordé aux Budgets de la Ville de Paris pour les travaux extraordinaires des prisons, que sur les centimes départementaux, de 1824 à 1828.... 1,311,784 59 Il reste à créditer pour solde....... 105,612 25 Sur quoi il est alloué par le présent Budget...............	55,612 25	Cette somme devra être employée conformément aux projets ou devis approuvés ou à approuver par le Ministre.
2	Travaux d'agrandissement de Sainte-Pélagie : Dépenses de toutes natures, évaluées à......... 792,866 75 Alloué dans les Budgets précédens, tant sur le fonds de subvention fourni par la Ville de Paris, que sur les centimes départementaux, de 1824 à 1828.................... 637,873 81 Il reste à créditer pour solde........ 154,992 91 Porté au présent Budget pour mémoire (*Voir* le Budget facultatif, sect. 5, § 3)............................	Mémoire.	
3	Construction du nouveau Dépôt près la Préfecture de Police : Dépenses de toutes natures, évaluées à......... 321,506 61 Alloué dans les Budgets précédens, tant sur le fonds de subvention de la Ville de Paris, que sur les centimes départementaux, de 1824 à 1828..... 298,600 63 Il reste à créditer pour solde.......... 22,905 98 Accordé par le présent Budget.........................	22,905 98	Même observation.
4	Restauration de la Maison de Justice ou Conciergerie. Dépenses de toutes natures, évaluées à......... 359,846 27 Alloué dans les précédens Budgets, tant sur le fonds de subvention de la Ville de Paris, que sur les centimes départementaux, de 1827 et 1828.... 341,751 36 Il reste à créditer pour solde.......... 18,094 91 Accordé par le présent Budget.........................	18,094 91	Cette somme devra être employée suivant les projets ou devis approuvés ou à appprouver par le Ministre.
	A reporter.....	96,613 14	

ARTICLES DU BUDGET.	NATURE DES DÉPENSES.	SOMMES votées PAR LE CONSEIL.	DÉCISIONS DU MINISTRE.
	Report	96,613 14	
5	CONSTRUCTION DE LA MAISON DE CORRECTION DES FEMMES : Dépenses de toutes natures, évaluées à .... 3,341,118 97 Alloué dans les Budgets précédens, tant sur la subvention fournie par la Ville de Paris, que sur les centimes départementaux, de 1826 à 1828 .... 378,250 07 Somme à créditer .... 2,962,868 90 Sur quoi il est accordé au présent Budget	56,500 00	Cette somme devra être employée suivant les projets ou devis approuvés ou à approuver par le Ministre.
6	RESTAURATION DE LA MAISON DE RÉPRESSION DE SAINT-DENIS. Pour travaux d'urgence	15,000 00	Même observation.
7	RESTAURATION DU DÉPÔT DE MENDICITÉ SITUÉ A VILLERS-COTTERETS. Pour travaux d'urgence	10,000 00	Même observation.
8	FONDS DE RÉSERVE. 1°. Dépenses d'appropriations intérieures faites en 1828 à la Force, à Sainte-Pélagie et aux Madelonnettes.. 40,000 00 dont une moitié est accordée au présent Budget 20,000 00 2°. Réserve pour subvenir aux besoins imprévus et urgens des prisons, en 1829 .... 22 805 31	42,805 31	Même observation.
	TOTAL	220,918 45	
	Égal au produit de 2 centimes sur contributions foncière et personnelle.		

Le Conseil-Général du Département arrête la présente répartition à la somme de deux cent vingt mille neuf cent dix-huit francs quarante-cinq centimes, équivalente au produit des deux centimes extraordinaires votés par le Conseil-Général, et autorisés par la loi du 21 juillet 1824.

Signé au registre des délibérations, en séance du 20 septembre 1828.

> Lebeau, *président;* Breton, *secrétaire;* d'Aligre, Audenet, Bonnet, de Bourgeon, de Chateaugiron, Cretté de Palluel, Duchanoy, Leroy, de Lévis-Mirepoix, baron de Nanteuil, Outrequin, Quatremère de Quincy, baron de Tourolle, Trudon et Vial.

Le Ministre de l'Intérieur,

« Vu la loi du 21 juillet 1824, qui a autorisé le département de la Seine à s'imposer extraordi-
» nairement, pour la restauration des prisons, la somme de onze cent mille francs à répartir au
» marc le franc des contributions foncière et personnelle, et en cinq années,

» Approuve la perception, pendant 1829, de 220,918 fr. 45 cent., somme égale au produit de
» deux centimes; et en conséquence, autorise les dépenses portées en la répartition ci-dessus ar-
» rêtée par le Conseil-Général, jusqu'à concurrence de ces deux cent vingt mille neuf cent dix-
» huit francs quarante-cinq centimes, dont le montant sera ordonnancé cumulativement avec le
» produit des centimes facultatifs du même exercice. »

Paris, le 31 décembre 1828.

Signé DE MARTIGNAC.

ARTICLES DU BUDGET.	NATURE DES DÉPENSES	SOMMES votées PAR LE CONSEIL.	DÉCISIONS DU MINISTRE.
	## DEUXIÈME PARTIE. **IMPOT DE DEUX CENTIMES** AFFECTÉ A LA RESTAURATION GÉNÉRALE DES ROUTES DÉPARTEMENTALES. § 1er. *Pavage à neuf*		
1	Route n°. 33, de Paris à Argenteuil, par Anières : Reconstruction de cette route, évaluée à..... 180,000 00 Alloué au Budget de 1828 .... 90,000 00 Il reste à pourvoir à....... 90,000 00 Sur quoi il est alloué au présent Budget.................	80,000 00	Le préfet se conformera, quant aux travaux d'art, ou aux travaux neufs à exécuter aux communications départementales, à l'art. 2 de l'ordonnance royale du 8 août 1821.
2	Route n°. 41, de Paris à Gagny par Montreuil : Pavage de la chaussée de cette route, évalué à 157,000 00 Alloué aux Budgets de 1828 et années antérieures .... 117,000 00 Il reste à pourvoir à....... 40,000 00 Sur quoi il est accordé au présent Budget.................	35,000 00	Il ne pourra faire payer de conducteurs et piqueurs, que selon le nombre reconnu nécessaire par la Direction générale des Ponts et Chaussées, et le montant des traitemens et salaires approuvés.
3	Route n°. 44, de Nogent-sur-Marne à Noisy-le-Grand : Convertissement en pavé de la chaussée de blocage dans la traverse de Nogent......................................	6,000 00	
4	Route n°. 54, de Paris à Versailles par Châtillon : Pour pavage à neuf et élargissement de la chaussée 20,000 00 Alloué dans les Budgets de 1826 à 1828........ 53,000 00 Ce qui portera les allocations à......... 73,000 00	20,000 00	
5	Route n°. 72, de Châtenay à la route royale n°. 186 : Convertissement de la chaussée de blocage en pavé, évalué à...	6,000 00	
6	Route n°. 20, du Bourget à Garges par Dugny. Changement de direction de la chaussée dans la traverse de Dugny	11,000 00	
	A reporter.....	158,000 00	

ARTICLES DU BUDGET.	NATURE DES DÉPENSES.	SOMMES votées PAR LE CONSEIL.	DÉCISIONS DU MINISTRE.
	Report	158,000 00	
7	1°. Restauration d'une portion de route à classer, formant l'extrémité de la route n° 48 (dans le département de Seine-et-Oise) et communiquant de Saint-Germain à la route de Pontoise par Argenteuil.	5,000 00	
	2°. Restauration de la route à classer, communiquant de la route n°. 11 à la route départementale n°. 13 , par Sablonville.	8,000 00	Ces trois crédits ne pourront être employés qu'après que les communications auront été classées en vertu d'une ordonnance royale.
	3°. Établissement d'une communication entre les routes royales n°. 20 et 186, par Antony.	5,000 00	
	Restauration de la route n°. 7, de Neuilly à Gennevilliers.	12,000 00	
8	Réparations ou entretiens extraordinaires ,		
	1°. De la route n°. 9, de Neuilly à Maison par Bezons.	6,500 00	
	2°. idem n°. 11, de Versailles à St -Denis (1re partie). .	2,100 00	
	3°. idem n°. 11, idem (2°. partie). .	6,500 00	
	4° idem n°. 12, de Paris à Neuilly, par le Roule.	5,200 00	
	5°. idem n°. 13, de Paris à Saint-Ouen.	8,150 00	
	6°. idem n°. 17, de Saint-Denis à La Briche.	4,700 00	
	7°. idem n°. 19, de Saint-Denis à Gonesse.	5,800 00	
	8°. idem n°. 23, de Bondy à Charenton.	9,200 00	
	9°. idem n°. 42, de Paris à Provins par Saint-Maur. ...	16,650 00	
	10°. idem n°. 51, de Paris à Choisy par Vitry.	6,700 00	
	11°. idem n°. 58, de Choisy à Bonneuil.	5,580 00	
	12°. idem n°. 67, de Versailles à Choisy par Sceaux. .	5,450 00	

§ 2.

Constructions neuves sur les routes.

ARTICLES DU BUDGET.	NATURE DES DÉPENSES.	SOMMES votées PAR LE CONSEIL.	DÉCISIONS DU MINISTRE.
1	Reconstruction d'une partie du pont de Saint-Maur, sur la route n°. 42. Travaux évalués à .... 170,708 33 Alloué aux Budgets de 1822 à 1828 .... 130,708 33 Restant à créditer ..... 40,000 00 Sur quoi il est accordé au présent Budget .... 38,500 00 Traitement d'un conducteur des travaux en 1829. 1,500 00	40,000 00	
2	Réparations d'un Pont sur le ru de Montfort , à la sortie de Saint-Denis , route départementale n°. 18. ., ...	3,000 00	
	A reporter	313,530 00	

ARTICLES DU BUDGET.	NATURE DES DÉPENSES.	SOMMES votées PAR LE CONSEIL.	DÉCISIONS DU MINISTRE.
	Report. . . .	313,530 00	
	§ 3.		
	Frais de direction, et surveillance des travaux.		
1	Honoraires des ingénieurs, et indemnités aux conducteurs pour l'exécution des travaux de restauration générale des routes en 1829.	4,758 00	Alloué. Cette dépense devra être acquittée conformément aux dispositions de la circulaire du 12 juillet 1817.
	§ 4.		
	Fonds de réserve		
1	Fonds mis en réserve pour dépenses accidentelles ou travaux d'urgence, et pour accroissement des ressources destinées à des travaux de routes, non encore déterminés.	42,212 00	Le détail de l'emploi de ces 42,212 francs par route, sera porté au compte à rendre à la fin de l'exercice.
	TOTAL.	360,500 00	
	Égal au produit de 2 centimes additionnels au principal des quatre contributions directes.		

Le Conseil-Général du Département arrête la présente répartition, à la somme de trois cent soixante mille cinq cents francs, équivalente au produit de deux centimes extraordinaires votés par le Conseil-Général, et autorisés par la loi du 9 mai 1827.

Signé au registre des délibérations, en séance du 20 septembre 1828.

LEBEAU, *président ;* BRETON, *secrétaire ;* D'ALIGRE, AUDENET, BONNET, DE BOURGEON, DE CHATEAUGIRON, CRETTÉ DE PALLUEL, DUCHANOY, LEROY, DE LÉVIS-MIREPOIX, baron DE NANTEUIL, OUTREQUIN, QUATREMÈRE DE QUINCY, baron DE TOUROLLE, TRUDON et VIAL.

Le Ministre Secrétaire d'État de l'Intérieur,

« Vu la loi du 9 mai 1827, qui a autorisé le département de la Seine à s'imposer extraordinai-
» rement, pendant six années consécutives, à dater de 1827, deux centimes additionnels au
» principal des quatre contributions directes, et à en employer le produit à l'achèvement et à
» la restauration des routes départementales,

» Approuve l'imposition de ces deux centimes pour 1829 ; et, en conséquence, autorise les
» dépenses portées en la répartition ci-dessus arrêtée par le Conseil-Général, pour une somme
» totale de 360,500 fr. »

Paris, le 31 *décembre* 1829.

Signé, DE MARTIGNAC.

Table des Matières.

Comptes de l'Exercice 1827.

Budget de l'Exercice 1829.

Se trouve chez Mme. V^e. BALLARD, rue J.-J. Rousseau, n°. 8.